Kaspische Senke
Čečnja
Terek
Gudermes
-25
Sulak
Groznyj
Chasav'urt
Machačkala
aspian Sea
Kaspijskoje More
(Kaspisches Meer)
2736
Bujnaksk
2334
4492
4283
Botlich
4151
3578
Dagestan
Derbent
aucasus
Şeki
Kura
AZARBAYCAN
AZERBAIJAN
Gäncä
Sumqayıt
Baki
Äli Bayramlı
Kura
Naxçıvan
IRAN
Tabrīz
N

S.F.
V.

Clemens Eich
Aufzeichnungen aus Georgien

Mit einem Nachwort von
Ulrich Greiner

S. Fischer

Der Atlas Rand McNally diente Clemens Eich
zur Vorbereitung seiner ersten Georgienreise.
Die im Vorsatz abgedruckte Karte
wurde auf der Grundlage dieses Materials von Bitmap angefertigt.

3. Auflage Mai 2003

Satz: Fotosatz Gutfreund GmbH, Darmstadt
Druck und Bindung: Ebner & Spiegel, Ulm
Printed in Germany
ISBN 3-10-017007-5

Für Lena

Prolog Tiflis

In welchem Krankenhaus bin ich? Es tropft grün von den Wänden. Ein Auge bleibt geschlossen. Ich sah tausend Sowjetsterne, als ich gegen den Rahmen der Tür rannte, auf den Donner des Aufpralls folgte der Rückschlag wie von einer alten Muskete. Ich fiel über die Flasche Wodka der Marke Stalin, auf deren Etikett das grauweiße Portrait Dschugaschwilis in der Marschalluniform gemalt ist. Dann wurde es dunkel, was es vorher auch schon gewesen war. Die Wände des unbeleuchteten, unbeheizten Krankenhausflurs sind rostbraun, das schmutzige Wasser rinnt über die grünen Schimmelflächen.

Ich finde mich wieder in Devon, in den grünen Wellen der südwestenglischen Hügel, in jenem Sommer 1996, in dem sich Amschel Rothschild in einem Pariser Hotel aufgehängt und Margaux Hemingway im strahlenden Kalifornien das Leben genommen hat. Die Eckpfeiler jenes Sommers. Damals beschloß ich, Georgien auf mich zu nehmen. Georgien? fragten die Mitmenschen. Georgien – wo liegt das? Ich vergewisserte mich im Atlas, daß es Georgien wirklich gibt. Tapfer wiederholte ich, es gibt Georgien. Es reicht vom

Kaukasus bis zum Schwarzen Meer, mit den Grenzen zu den armenischen Hochebenen im Süden und den Wüstensteppen Aserbaidschans im Osten, zwischen Europa und Asien. Schaut auf der Landkarte nach! Aber keiner machte sich die Mühe. Dort ist es doch gefährlich, sagten die Mitmenschen in Deutschland. Bürgerkrieg, Entführungen, Schießereien. Elend, Armut. Da wirst du doch umgebracht, lachten sie. Du spinnst, sagten sie nicht, du spinnst, sagte ich mir selbst.

Jetzt sitze ich auf dem Gang im abbruchreifen Krankenhaus der georgischen Hauptstadt und warte auf den diensthabenden Arzt. Mein Dolmetscher redet auf mich ein. Nur ein blaues Auge, versucht er mich zu trösten. Ich ahne, wie ich aussehe, ich erkenne es an den Blicken der Menschen, die über das ausgetretene Linoleum an mir vorbeigehen, in deren schwarzen, großen Pupillen ich mich spiegle. Ich sehe es mit meinem rechten, unversehrten Auge. Sie drehen sich nicht um, wenn sie an mir vorüber sind. Ich kann nicht feststellen, ob aus Gleichgültigkeit oder aus Rücksicht. Es ist Winter. Ich hatte gelesen und gehört, daß der georgische Winter nicht zu ertragen sei. Es stimmt. Es ist unerträglich hier. Vier Stunden Strom am Tag, ratternde Notaggregate, die Trübsinn verbreiten, aber kein Licht, irgendwann gehen auch sie aus, hören auf zu rattern, lassen sich nicht mehr in Gang bringen, eiskalte

Räume, stinkende Ölöfen, brennende Autoreifen auf den Straßen, um die herum Männer stehen und hocken und rauchen.

Wo ist das Georgien der Freude, der Feste, der Gesänge und Tänze, das lachende Tbilissi? Ich sehe nur das schwermütige Tiflis, in dem nichts vom Fleck kommt, die gleiche Tristesse, die sich von Warschau bis Wladiwostok zieht, einen immerwährend scheinenden Winter aus schmutzigem Schnee und Dunkelheit, verrottete Trümmer eines Systems als Atmosphäre, eines Systems, das immer noch atmet. Dennoch taucht ein leises Glücksgefühl hinter den bröckelnden, tropfenden Schimmelwänden auf: Ich befinde mich in keinem wie auch immer gearteten Zusammenhang mehr, in keinem Wirtschaftsstandort, außerhalb des globalen Dorfs und weit weg davon. Das heißt, wenn ich will, kann ich mich freier fühlen. Der Arzt ruft uns zu sich.

In Georgien darf man nicht krank werden, sagt der Arzt ernst auf deutsch. Dann unterhält er sich lange mit meinem Dolmetscher auf georgisch, dazwischen werfen sie rasche Blicke auf mich. Mein Dolmetscher übersetzt nichts.

Im Zimmer wird es immer kälter und dunkler. Geräte aus Holz oder Metall stehen ohne erkennbare Ordnung im Untersuchungszimmer herum. Sie müssen aus einer vergangenen Zeit stammen und erinnern an Labors aus Stummfilmen. Fremdartig und von leisem, komischem Schrecken. Ich finde keine Erklärung, welchem Zweck sie gedient haben könnten. Ich weiß nur, es muß etwas mit Medizin zu tun gehabt haben. Mit Untersuchungen, Experimenten. Ich kann nicht mehr fragen, da der Arzt auf mich zutritt.

Veraltete, mangelhafte oder überhaupt keine medizinischen Geräte, Medikamente, die das Datum des Verfalls längst überschritten haben, gehören zum Alltag der georgischen Krankenhäuser, werde ich später lesen. Wenn man Pech hat, wird man bei Kerzenlicht operiert. Wenn man Glück hat, stirbt man, raunte mir ein Wartender auf dem Flur in gebrochenem Deutsch zu. Die Operation bei einer akuten Blinddarmentzündung kostet mehr als ein durchschnittliches Jahreseinkommen, werde ich später hören. Eine staatliche Krankenversicherung existiert nicht, auch wenn es behauptet wird.

Behutsam untersucht der Arzt mein Auge. Ab und zu stellt er eine Frage nach meinem sonstigen Befinden. Neben dem blauen Auge tippt er auf eine leichte Gehirnerschütterung. Ich vertraue seinen Händen. Doch unter der stetigen Berührung seiner geübten Finger und seinem prüfenden Blick entdecke ich Ratlosigkeit. Ich verliere das Vertrauen und blicke an seinem grauweißen Mantel vorbei auf die grauweiße, rissige Wand, aus der sich das Bild eines Grabsteins formt. Nur kurz, eine Sekunde lang. Geboren in Rosenheim, gestorben in Tiflis. Schwach und ungeduldig habe ich das Bedürfnis, ihn wegzustoßen. Er scheint es zu spüren, und mit einem Seufzer wendet er sich an den Dolmetscher, um zu erklären. Diesmal übersetzt er. Es wäre besser, ich würde nach Deutschland zurückfliegen und dort eine Augenklinik aufsuchen. Er könne nicht feststellen, ob das Auge selbst verletzt sei. Ihm fehlten die dafür erforderlichen Geräte. Aus einem Auge blicke ich zu Boden auf den kalten Staub des knarrenden Parketts. Das soll es schon gewesen sein? Das soll Georgien gewesen sein? Der Arzt reicht mir zum Abschied die Hand, er drückt mir dabei ein winziges Päckchen in die Finger. Fünf lose, graue, staubige Tabletten ohne Kennzeichnung, in gelbliches Papier gewickelt, von einem bräunlichen Gummiband gehalten. Gegen Gehirn, sagt er dazu mit seinem ernsten Blick aus den schwarzen georgischen Augen. Mein Dolmetscher führt mich am Arm hinaus. Er drängt mich etwas. Ich schiebe ihn weg und bleibe stehen. Deutschland besser, sagt der Arzt. Deutschland besser, wiederholt der Dolmetscher, als müsse er übersetzen. Georgien besser, sage ich nicht. Ich drehe mich nicht mehr um. Wir stehen auf dem von der abweisenden Dauerdämmerung eingeschlossenen, tropfenden Flur, durch eine hohe, dunkelgrauschmierige Fensterscheibe, halb zerbrochen und mit Pappe und Zeitungspapier notdürftig abgedichtet, sieht man die schneebedeckten Dächer der hügeligen Stadt der warmen Quellen, die ich nicht gesehen habe.

Drei Tage bleibe ich im Bett liegen, in der Barnovis Kuća, einer Straße, die vom Hügel hinunter zum Zentrum führt, und wehre mich mit Händen und Füßen gegen die Überredungskünste des Dolmetschers, nach Mitteleuropa, in die Zivilisation, wie er sagt, zurückzukehren. Es ist, als müßte ich nach erst einem Drittel des Aufstiegs zu einem Gipfel, noch vor der Baumgrenze, gegen machtvolle, unvorhergesehene widrige Umstände sinnlos ankämpfend, den Rückzug antreten. So ungefähr mußten sich Bergsteiger bei lange geplanten, gut vorbereiteten Expeditionen gefühlt haben, wenn sie von einem schweren Unwetter oder anderen Katastrophen überrascht wurden, die sie zur Umkehr zwangen. Mein Dolmetscher bringt mir georgisches Mineralwasser der Marke »Borjomi«, das schon Breschnew einst kistenweise nach Moskau ordern ließ, um seinen Wodkakater zu besänftigen. Der Dolmetscher preist es als segensreiches Allheilmittel gegen sämtliche Seuchen, die den Erdball heimsuchen.

Ich ziehe mir die Decke über den Kopf, ich kämpfe gegen Übelkeiten, ich führe Selbstgespräche, ich kämpfe gegen die Demütigung. Die Demütigung, die ich mir selbst zugefügt haben muß, ist das Schlimmste. Als ich irgendeinen verzweifelten Ausruf tue und mir dabei die dünne Decke vom Gesicht schlage, blicke ich aus meinem einen Auge in die Augen einer jungen Frau. Sie steht im Mantel dicht vor mir und schaut auf mich herab. Sie sagt nichts, aber sie will etwas sagen, sie weiß nur nicht, wie.

»Sie hätten gleich ein Stück Metall auf Ihr Auge legen sollen!« sagt sie schließlich auf deutsch. Ich meine, einen leisen Vorwurf herauszuhören.

»Einen Zinnteller«, fügt sie hinzu, »oder einen Kupferteller.« Wir schweigen beide. Kenne ich sie? Und wenn, woher?

»Aber hier gibt es keinen Kupfer- oder Zinnteller!« antworte ich endlich.

»Nein«, sagt sie, »da haben Sie recht.« Sie zieht mir die Decke zurecht, hebt meinen Kopf, schüttelt das Kissen auf.

»Gibt es hier keine Wolldecke?« Sie öffnet den Schrank und sucht. Nach einer Weile zieht sie eine graue Wolldecke heraus, die aus Armeebeständen zu stammen scheint.

»Hier haben wir schon«, sagt sie und breitet die ganze Decke über mir aus. Mit schläfriger Sicherheit räumt sie herumliegende Gegenstände auf ihren Platz, gibt die Schuhe unter den Schrank, legt den Pullover zusammen. Sie streicht mir mit einer kühlen Hand über die Stirn. Ich bin verlegen. Ich versuche zu lächeln, es gelingt nicht.

»Sie müssen jetzt schlafen.«

»Ich schlafe schon seit drei Tagen.«

»Macht nichts.«

Sie steht am Fenster. »Soviel Schnee!« sagt sie mit trauriger Verzückung. »Soviel Schnee.«

Sie beugt sich über mich. »Es wäre sehr schön, wenn wir uns wiedersähen.«

Aus ihrer zu großen, schwarzen Handtasche zieht sie rasch einen kleinen Block und einen Kugelschreiber, sie schreibt etwas auf, reißt den Zettel ab und legt ihn auf den Tisch. »Meine Nummer.«

Dann wendet sie sich zum Gehen, im Türrahmen, gegen den ich vor vier Nächten in die Finsternis gerannt bin, bleibt sie noch einmal stehen.

»Sie haben mit allem in Georgien gerechnet, nur nicht mit sich selbst.«

Sie sagte es wie auswendig gelernt. Etwas zu perfekt. Ich höre nur noch ihre Schritte, die sich langsam über die steile Treppe entfernen, dann das Zufallen der Haustür. Ich möchte ihr nachlaufen und sie bitten zu bleiben. Ich weiß, es hat keinen Sinn. Ich habe sie nie wiedergesehen. Unter der Nummer hat sich keiner gemeldet, und einen Namen hat sie nicht dazugeschrieben, ich habe vergessen, sie danach zu fragen.

Schwarzes Georgien, düsteres Georgien, kaltes Georgien, dreckiges Georgien, finsteres Georgien. Nein – ich will es nicht glauben, ich will dieses Land nicht so verlassen, nicht mit diesem Bewußtsein davon, dieser Erinnerung daran, ich will mich nicht nur an das Bild vom Ende der Zeiten erinnern müssen, an Elend und Zerstörung. Ich weiß doch, daß es ein anderes Georgien gibt, geben muß. Ein strahlendes Land, blühend und leuchtend, mit einer uralten Kultur, das Kolchis der Antike, mit Zitronenbäumen, Orangenbäumen, Teeplantagen und Palmen, mit all den wunderbaren Klischees, die die Wirklichkeit für unsere Sehnsucht bereithält. Gewiß, ein Land, das auch im gleißenden Sonnenlicht mit den immer schneebedeckten Gipfeln des Kaukasus in der Ferne, hinter denen Rußland beginnt und endet, erfüllt ist von einer Jahrtausendtrauer, die kein Fortschritt wegzuwischen vermag. Ein Land, in dem Liebe und Tod eng nebeneinander liegen und die unhörbaren und lauten Gesänge in der warmen Luft ihre immerwährende Anwesenheit verkünden. Ein Land, in dem das Sterben und Töten selbstverständlich und pathetisch zum Leben gehören und die Umarmung der Liebe die Nähe einer tödlichen Wunde ahnen läßt. Gewiß, aber...

Was hatte die Unbekannte, die ich so gut zu kennen glaubte, mit leiser Süffisanz gesagt, als sie sich zum Gehen wandte? »Sie haben mit allem in Georgien gerechnet, nur nicht mit sich selbst.« Demnach wäre es kein schwarzes Georgien, sondern ein schwarzes Ich, ein düsteres Ich, ein kaltes Ich, ein dreckiges Ich, ein finsteres Ich, das sich mir in den Weg gestellt hat. Noch einmal schlafe ich ein.

Zwei Tage später, in Wirklichkeit sind vier Tage vergangen, wie sich dann herausstellt, packe ich in rasender Eile wie im Zeitraffer gemeinsam mit meinem Dolmetscher ein. Georgische Unterhosen, georgische Socken, der Koffer ging beim Hinflug verloren, georgische Hemden, georgische Jeans. Er steht in der Mitte des Zimmers wie ein Verkehrspolizist, nimmt einzelne Gegenstände in die Hand und hält sie fragend in die Höhe. Einpacken oder wegschmeißen? Einpacken, wegschmeißen, einpacken, wegschmeißen. Er wirft alles durcheinander in die Tasche. In einer Stunde geht das Flugzeug! Wir sind sehr, sehr spät, lacht er. Vorbei an den finsteren Wachhabenden in letzter Minute. Mit zusammengebissenen Zähnen müssen sie mich durch die Sperren lassen. Ich sehe sogar durch meine dunkle Sonnenbrille, wie gern sie mich verhafteten! Später höre ich, daß der Flughafen fest in russischer Hand ist. Erst jetzt habe ich Angst. Ich werde wiederkommen! Zurückkommen.

Gate 38

Flughafen Frankfurt am Main. Globaler Zusammenhang garantiert und unausweichlich. Handymen plappern mit Geheimdienstmienen in ihre Talktierchen. – Ich bin um drei in Düsseldorf. Geschafft, Darling. Das Wetter war Scheiße. Je t'aime. Geil. Ciao. – Wie oft wurde das schon von den kritischen Geistern beleuchtet, versucht, der Lächerlichkeit preiszugeben, und hat doch nichts genützt? Gegen die wohlinformierte, drahtlose Armee der Mobilität sind die kritischen Geister doch nur ein Haufen Landstreicher, die nichts von Vormarsch und Geschäft verstehen.

Ich werde zum Gate 38 verwiesen. Ein endloser Weg, vorbei an unzähligen Glitzershops der siegreichen freien Marktwirtschaft, vorbei an unzähligen Handymen, das Laptopköfferchen zwischen die Guccibeine geklemmt, vom Radissonservice auf Glanz gebrachte Pradaschuhe wippen ungeduldig hin und her. Zehn Minuten Verspätung? Unfaßbar! Wenn nur in Düsseldorf alles klappt, ach nein, in Budapest, mein ich doch!

Gate 38 zum Abflug nach Tbilissi befindet sich im Keller des Airports. Gate 38 ist das letzte Gate in diesem Teil des Flughafens. Daneben liegt noch das vorletzte, dort kann man auf den Flug nach Armenien warten. Sonst gibt es hier unten nichts. Hier beginnt Georgien schon. Georgien beginnt im Keller des Frankfurter Flughafens. Von hier aus wird die Perspektive klar: Georgien beginnt in unseren Augen im Keller Europas. Europas?

Eine andächtige Atmosphäre, als wären wir in einer Kirche, umfängt mich. Diese ernsten Gesichter! Dazwischen das verstohlene Lachen von zwei jungen Frauen. Ein Kind klettert über die orangen Plastiksessel, die jungen Eltern schauen gleichmütig zu. Als es herunterfällt und weint, hebt es die Mutter mit derselben Gleichmütigkeit wieder auf. Die meisten wirken so, als wären sie schon oft zwischen Tiflis und Frankfurt hin und her geflogen. Dennoch scheint die Frage als Spannung in der Luft zu liegen: Werden wir es auch diesmal schaffen? Über Prag und Wien und Budapest und Rumänien und Bulgarien und das Schwarze Meer, bis wir unsere Küste erreichen, um dann über den Kaukasus weiterzufliegen, bis wir zum Anflug auf Tbilissi ansetzen werden, nach Tiflis zu Tal, wie Lermontow im neunzehnten Jahrhundert schrieb, werden wir auch diesmal nach glücklicher Landung in die Hände klatschen können? Alle rauchen.

Wir fliegen von Frankfurt am Main nach Tbilissi am Mtkwari durch eine einzige dunkelgraue

Regenwolke. Kein Schwarzes Meer, kein Kaukasus, nichts. Nur nach vier Stunden dann doch Georgien. Die Maschine lehrt das Fürchten. Wie alt mag sie sein? Es handelt sich um eine ältere Aeroflotausgabe der neuen georgischen Luftfahrtgesellschaft. Dreißig Jahre? Auf nicht näher zu bestimmende Art wirkt das Flugzeug, als wäre es schon einmal abgestürzt und wieder zusammengeflickt worden. Auf der Tragfläche entdecke ich ein unförmiges, grob draufgenageltes Stück Blech. Später höre ich, daß die Maschine bei jedem Start und jeder Landung in Frankfurt eine Sondererlaubnis braucht. Aus Umwelt- und Sicherheitsgründen, wie es heißt. Vier- bis sechsmal in der Woche. Ich höre auch, daß die Gesellschaft nur dieses eine Flugzeug besitzt. Aus anderem Mund höre ich, es wären zwei. Von außen sieht es noch aus wie ein Flugzeug, von innen erinnert es nur mehr daran. Ein baufälliges Luftvehikel. Es riecht muffig, nach zu vielen ungewarteten Flügen zwischen Tiflis und Moskau. Nach einer noch nicht lange vergangenen Zeit. Andere Gerüche steigen in die Nase, scharfe, süße, sie überlagern den muffigen Geruch, werden von diesem wieder verdrängt, bis sie erneut die Oberhand gewinnen. Ein undefinierbares Gemisch aus Faszination und Ekel. Ich beginne mich wohlzufühlen. Sind diese verschiedenartigen Gerüche, vielleicht Kardamom, Zimt, Zitronen, Schweiß, Kaffee,

Knoblauch, Tabak, die ersten Vorboten des Orients, der ja dort irgendwo – wo? – beginnt? Abstoßende Häßlichkeit, hinter der sich Süße und Lieblichkeit verbergen? Dreck und Staub und Kot auf Gold und Marmor. Ein zerschlissener Vorhang, hinter dem im Nebel von Ausdünstungen die Schönheit liegt? Auf jeden Fall ist es der Osten, aber kein mitteleuropäischer Osten, wie man ihn in Tschechien, Ungarn oder Polen besichtigen und leichter lieben kann. Kein ferner, sondern ein fremder Osten, siebzig Jahre abgeschnitten von der westlichen Welt, bete ich lautlos herunter, geprägt von der hellenistischen, der byzantinischen, der persischen Kultur, von Rußland, von der Sowjetunion, Schnittstelle, Nahtstelle, Kreuzung zwischen Ost und West, auch zwischen Nord und Süd, Grenzland also, Durchgangsland, Anfang und Ende. Kein einfaches Land, ungeeignet für Kategorien und klare Verhältnisse. Wir glauben, etwas wiederzuerkennen in Georgien, ein jahrhundertealtes Déjà-vu verschwimmt vor unseren Augen, vielleicht ein Teil unserer Wurzeln, inneren Wunden. In Wirklichkeit hat es vermutlich gar nichts mit uns zu tun, nur mit unserer diffusen Sehnsucht.

Stolz sind sie, die Georgier, hochmütig, nationalistisch bis zur Unerträglichkeit, aber auch geplagt von Minderwertigkeitskomplexen, ebenso kriegerisch und rebellisch wie scheu und verhalten. Gleichzeitig auf dem Vormarsch und auf dem Rückzug.

Aber noch sitze ich im Flugzeug, auf einem verbeulten, durchgesessenen und -gescheuerten Sitz. Der Sicherheitsgurt ist unbrauchbar. Fasten seat belt. No smoking. Fast alle rauchen, stehen auf, gehen herum. Durch die scheppernden Bordlautsprecher hört man zuerst schnelles, krächzendes Georgisch, dann langsameres, krächzendes Englisch. Die Stewardessen sind so schön, daß ich kaum wage, sie anzusehen. Schüchtern bestelle ich Cola. Zu essen gibt es eine Art Gulasch, dazu georgischen Weißwein, der sofort in den Kopf steigt, aber die dreitausend Kilometer lange Regenwolke scheint davon heller zu werden.

Bei den Insassen des Flugzeugs handelt es sich um Mitglieder der gehobenen Klasse der neuen georgischen Gesellschaft. Angehörige der politischen Klasse, Reisende in Sachen »biznes«. Sie gehören zu den vielleicht fünf Prozent der Bevölkerung, die sich diesen Flug überhaupt leisten können. Sie können sich auch die Schuhe aus Paris, die Maßanzüge aus London, die Rolexuhren, die Etienne-Aigner-Accessoires leisten.

Ich vermute einige Verbrecher unter ihnen, mit den neuen Schuhen aus Paris oder Mailand oder auch Saarbrücken an den Füßen, an dem gleichen Paar im Gepäck sind sie leicht zu erkennen, an ihren Blicken, Haltungen, Bewegungen, nur wenige schwerer zu durchschauen, und man läßt es besser, ihnen zu tief in die Augen zu blicken, wenn man am Leben bleiben will.

Vor mir sitzt ein Pärchen, das augenscheinlich frisch verliebt ist, sie küßt und küßt und küßt ihn, er küßt und küßt und küßt sie. Dazwischen hören sie sich auf dem Discman abwechselnd die neuesten CD's an, die sie ihm aus einem wildlederüberzogenen Behälter reicht. Einmal setzt sie ihm zärtlich die Kopfhörer auf, blickt ihn lächelnd fragend an, dann setzt er sie ihr auf, blickt sie lächelnd fragend an. Er ist ohne Zweifel Georgier, sie – nach anfänglichem Zweifel – Engländerin. Auf Englisch tauschen sie zärtliche Worte aus. Er ist um die dreißig, sie wirkt älter. Er ist von schwerem Körperbau, durchsetzt von Westfett, ansonsten gutaussehend, dunkle, dichte Locken, die schwarzen Augen nicht zu vergessen. Sie ist der rotblonde Typ, zu groß, etwas dürr, nicht schön, aber anziehend auf ich weiß nicht welche Art. Möglicherweise die Art des Geldes. In derselben Reihe auf der anderen Seite des Gangs sitzt ein Bekannter des Paars. In den Kuß- und CD-Pausen unterhalten sich die Männer. Die Engländerin wird höflich einbezogen. Sie macht ihre Sache gut. Sie lassen abfällige Bemerkungen über den »International Airport Tbilissi« fallen, sie erzählen mit lauten Stimmen von Frankfurt, Berlin, Saarbrücken und immer wieder von Frankreich und Paris. Der Bekannte gehört nicht zu den schönen Männern Georgiens. Er hat die Ausstrahlung eines despotischen Handlangers, eines Menschen, der im richtigen Augenblick auf der richtigen Seite zu stehen weiß. Das Gespräch dreht sich um Schuhe und Daunenjacken, um CD-Roms und Satellitentelefone, um Fernsehprogramme und die Exportmöglichkeiten für georgischen Wein. Einmal weist der Mann auf der anderen Seite des Mittelgangs nach einem kurzen Blick zurück durch das Flugzeug seinen Freund auf etwas hin, in kurzem, sachlichen Tonfall. Der dickliche Liebhaber unterbricht sein zärtliches Geplänkel und schaut sich rasch nach allen Seiten um. Kurz treffen sich unsere Blicke. Ich sehe in die Augen eines Verbrechers.

Anflug auf Tiflis. Wo man in unseren Städten beim sanften Höhenverlust ein Lichtermeer erblickt, dem man sich mit vager Hoffnung und müder Erleichterung nähert, empfängt einen die georgische Kapitale mit Dunkelheit. Drei, vier, fünf Lichter sind zu sehen, ein paar offene Feuer. Die Millionenmetropole liegt im Finstern. Nur das Rollfeld, der eigentliche Flugplatz im wahrsten Sinne des Wortes, ist in Flutlicht getaucht, das wiederum so hell ist, daß man davon geblendet zurückschreckt und ebensowenig sieht wie zuvor in der Finsternis. Schwarzweiße Verhältnisse. Schemenhaft tauchen die Umrisse von Soldaten auf. Schreie. Die Passagiere werden wie Kriegsgefangene rüde die Gangway hinuntergetrieben und durch eine dicht geschlossene Reihe von martialisch brüllenden und finster dreinblickenden, herumfuchtelnden Armeeangehörigen zu einem Bus außerhalb des Lichtkegels gescheucht. Kein freundlicher Empfang in Tbilissi. Am liebsten würde ich sofort umkehren. Dazu ist es zu spät. Die Soldaten wirken so stark wie unsicher, ein explosives Gemisch, auf das ich in Georgien noch öfter treffen werde.

Ich bin auf einem fremden Stern gelandet. In irgendeiner anderen Zeit, die noch nicht lange zurückliegt. Der Bus ist eiskalt, die Türen bleiben offen. Dicht zusammengedrängt, als würde man zur eigenen Erschießung gekarrt, warten die im Flugzeug gerade noch lachenden und plaudernden Menschen nun schweigend und ernst darauf, daß sich das Fahrzeug in Bewegung setzt. Oder warten sie auf etwas anderes, frage ich mich kurz. Der Bus fährt endlich los, man hätte die Strecke von etwa fünfzig Metern zu Fuß schon längst zurückgelegt gehabt.

Es folgt eine langwierige Paßkontrollschikane, bei der einem das Gefühl vermittelt wird, mindestens für einen Spion gehalten zu werden, unter dem wachsamen Auge eines düsteren Soldaten, der eine lebende Barriere bildet, einen Schritt zur Seite macht, um den Nächsten durchzulassen, dann wieder in die Mitte tritt, um den Weg zu versperren. Er tritt eindeutig lieber in die Mitte als zur Seite. Als wenn man, eingeschüchtert wie man nun ist, aus freien Stücken auch nur einen Fuß vor den anderen setzen würde, in eine womöglich nicht vorgeschriebene Richtung.

Vor mir warten zwei georgische Herren und zwei georgische Damen, die gewandt auf französisch parlieren. Das Gespräch dreht sich wieder einmal um Schuhe. Der eine sagt, er hätte in Paris ein bestimmtes Paar gleich zehnfach geordert. Eine Bemerkung, die noch lange zum allgemeinen Schmunzeln beiträgt, bis der Soldat wieder zur Seite tritt.

Endlich stehe ich in der kleinen Ankunftshalle. Vor der Tür drängen sich Taxifahrer in der Hoffnung auf eine Fuhre. Sie werden von Uniformierten zurückgedrängt. Nach langem Warten, es ist jetzt nach Mitternacht, setzt sich das Gepäckrollband in Bewegung, ohne daß nur ein einziges Gepäckstück zu sehen wäre. Das Rollband kommt zum Stehen. Als es wieder zu laufen beginnt, ist eine weitere halbe Stunde vergangen. Berge von Koffern, Taschen, Schachteln, Kartons und Kisten ergießen sich auf das langsam ratternde Fließband, drehen eine Runde, verschwinden wieder, bis sie erneut auftauchen und die bis dahin von Beamten zurückgehaltenen Menschen sich darauf stürzen. Erstaunlich rasch bin ich wieder im

Besitz meiner Reisetasche und warte jetzt auf den Koffer. Das Band wird immer leerer, die meisten Passagiere haben ihr Gepäck schon an sich genommen und sammeln sich vor der nächsten Kontrolle. Irgendwann sehe ich nur noch einen hellbraunen Karton auf dem schwarzen Band, dann ist auch dieser verschwunden. Das leere Band dreht noch einige Runden, bis es zum Stillstand kommt. Ich stehe jetzt allein davor. Die meisten Passagiere sind schon durch die Gepäckkontrolle. Die Halle ist bis auf etliche Uniformierte, die mich unfreundlich anstarren, verwaist. Die ersten Lichter werden gelöscht.

Mein Koffer ist nicht angekommen. Er ist nicht dabeigewesen, ich bin ganz sicher. Oder war er doch dabei? Und ich habe ihn übersehen? Und ein anderer hat ihn an sich genommen? In dem Gewühl wäre das ohne weiteres möglich gewesen. Nein. – Im Koffer ist alles. In der Reisetasche sind ein Schlafsack und der Toilettenbeutel. Mehr nicht. Die Uniformierten grinsen unfreundlich. Kein Passagier ist mehr zu sehen. Ich stehe allein mit dieser kleinen Reisetasche da. Sie erscheint mir jetzt lächerlich winzig. Ich hatte die Geschichten gehört und gelesen, die Gepäckstücke verschwinden einfach, oft ist der Inhalt für die Leute ein Vermögen wert. Ich hatte diese Geschichten mit vergnügtem Schaudern gelesen.

»Ich reiste mit Postpferden aus Tiflis. Das ganze Gepäck in meinem Wägelchen bestand aus einem kleinen Koffer, der zur Hälfte mit Reisenotizen über Georgien angefüllt war. Der größte Teil dieser Papiere ist zum Glück für den Leser verlorengegangen, der Koffer dagegen ist mit den anderen Gegenständen zu meinem Glück erhalten geblieben.« Der Anfang von Michail Jurjewitsch Lermontows ›Ein Held unserer Zeit‹ aus dem Jahre 1840 war in dem gelben Reclambändchen nachzulesen, das sich mit den wenigen anderen Büchern, die es über Georgien gibt, in dem verschwundenen Koffer befand. Ich kannte ihn fast auswendig. »Ich reiste mit Postpferden aus Tiflis.« Oder, wie es in einer anderen Übersetzung heißt, die mir besser gefällt, zumindest der erste Satz, »Ich verließ Tiflis mit Postpferden.« Welche von den Übersetzungen die richtige oder ultimative ist, wage ich nicht zu beurteilen. Die richtigen Übersetzungen sind oft diejenigen, welche man weniger gern liest. Man greift lieber zu den falschen, sie haben diesen vertrauten Klang. In diesem Augenblick beneidete ich Lermontow aus tiefstem Herzen, daß er Tiflis schon hinter sich gebracht hatte und ihm sein Koffer erhalten geblieben war. Ich beneidete ihn, obwohl sein Leben so kurz gewesen war. Ich beneidete ihn sogar darum, daß er auch sein Leben schon hinter sich gebracht hatte. (Im Duell gefallen.)

Der Gedanke an Lermontows Koffer verscheuchte für einen Augenblick meine vor und zurück fliehenden Überlegungen, bis sie sich wieder in mein Gehirn fraßen, um dort planlos um meinen verschwundenen Koffer zu kreisen. Ein junger Mann mit müdem, bleichem Gesicht und langem, abgetragenem Mantel auf der anderen Seite der Absperrung fällt mir auf. Er hält ein kleines Stück Papier in der Hand, auf dem etwas geschrieben steht, was ich aus der Entfernung nicht lesen kann. Als ich näher trete, lese ich meinen Namen, als ich ihn anspreche, lächelt er müde und abwesend.

Ich beeile mich, durch die Gepäckkontrolle zu kommen, deren Röntgenauge ohnehin schon aufgehört hat zu funktionieren. Auch die vorher so barschen Beamten wirken jetzt müde. Alles scheint einzuschlafen. Die lang ersehnte Ankunft des Flugzeugs ist vorbei, der Rausch der Wiedersehensfreude verflogen. Ich werde durchgewunken.

Ausgesprochen trügerisch keimt Hoffnung in mir auf. Ich erkläre dem jungen Mann den Verlust. Er nickt resigniert zu meinen langatmigen Ausführungen. Wir werden an eine russisch sprechende, uniformierte Beamtin verwiesen, die einer amerikanischen B-Filmproduktion aus den Zeiten des Kalten Krieges entsprungen scheint. Blond gefärbte, hochtoupierte Haare, eine Operettenuniform, aber zu wenig bunt für eine Operette, kräftige Beine, die in schwarzen Lederstiefeln stecken.

Ein Protokoll wird aufgenommen. Wie sah der Koffer aus? Ich weiß es nicht mehr. In dem Moment der Frage entschwindet der Koffer aus meinem Gedächtnis. Anthrazitfarben, grau, schwarz? Er hatte bunte Streifen an der Seite. Welche Farbe? Rot oder blau ... In welcher Richtung verliefen die Streifen? Ich habe es vergessen. Wenigstens an den Inhalt erinnere ich mich noch einigermaßen. Aber der skeptische Blick der Offizierin straft meine Aufzählungen Lügen. Ich bin ein erbärmlicher Schwindler, beginne zu stottern. Eifrig füllt die Frau das gelbliche Papier aus. Es ist jetzt zwei Uhr morgens. Die Aussicht auf ein Wiederauftauchen des Koffers ist gering. Der Koffer hat schon eine mythische Aura bekommen, er ist zum entschwundenen, entrückten Reliquienschrein geworden. Während wir schweigend in die Kälte hinausschleichen, an einzelnen Bettlern, einzelnen Figuren, Frauen und Männern, vorbei zu einem menschenleeren Parkplatz, auf dem noch ein einziges Auto, ein weißer Lada, steht, taucht das Bild vor mir auf. Das Bild einer georgischen Familie, die feixend meinen Koffer ausräumt, die Titel der Bücher laut lachend vorliest, die Hemden, Hosen, Unterhosen, Socken, Pullover zur Begutachtung in die Höhe hält und auf den Boden wirft, die Männer und Frauen und

Mädchen und Jungen schütten sich aus vor Lachen, essend und trinkend feiern sie die Eroberung meines Koffers wie den Fund eines Schatzes. Frierend sitze ich im Wagen, die Windschutzscheibe ist wie von Einschüssen durchlöchert. Sind das Einschußlöcher? frage ich. Nein, erhalte ich zur Antwort.

Offene Chronologie

Der Vater meines Urgroßvaters mütterlicherseits kam aus dem Kaukasus. So wurde es zumindest in der Familie erzählt, mit einer Mischung aus leisem Bedauern, angedeutetem Achselzucken und einer gewissen Ungläubigkeit über die eigenen Worte. Man kann nicht sagen, daß es wieder und wieder beteuert, gar darauf bestanden worden wäre, nein, eher wurde es gleichmütig wiederholt, mit aufkommendem Mißmut, als ob alles Unglück damit angefangen hätte.

Der Vorteil dieser kaukasischen Herkunft bestand darin, daß man weder sicher wußte oder wissen mußte, woher der Ururgroßvater eigentlich ganz genau gekommen war, noch konkretere Nachforschungen darüber anstellen konnte, selbst wenn man es gewollt hätte. Man fand sich damit ab, gab sich trotz ständig wiederkehrender Zweifel damit zufrieden. Der Kaukasus war schließlich eine Gewißheit, eine feste Größe, die den Vorteil besaß, daß man niemals dorthin fahren konnte.

So glaubten alle lange. Der Kaukasus war ein Gebirge in Nebel und Wolken hinter dem Eisernen Vorhang in Rußland oder Asien oder in beidem – und auf der Landkarte. Man konnte den

Kaukasus samt dem Atlas zuklappen und zurück ins Regal stellen. Und wenn man ihn aus anekdotischen Gründen benötigte, wieder herausholen. Außerdem sagten die ungeschriebenen Gesetze der Familie neben vielem anderen, daß man bitte nicht zu viel nachfragen sollte, da es den Fluß der Anekdote erheblich aufgehalten hätte.

Am meisten und gleichzeitig am wenigsten erfuhr ich von der Enkelin des Kaukasiers, meiner Großmutter. (Ich bekam viel erzählt, erhielt aber wenig gesicherte Fakten.) Als ich einmal, sie war damals schon weit über achtzig, einer ihrer längeren Geschichten aus dem Leben meiner Vorfahren lauschte und begann, mir aufgrund diverser ausufernder geographischer und historischer Verwicklungen Notizen zu machen, meinte sie, ich solle das lassen, sie würde sonst nie mehr ein Wort erzählen. Es gebe außerdem schon genug Leute in der Familie, die schreiben. So blieb vieles ungesichert und nicht dokumentiert.

Der kaukasische Ururgroßvater war Pferdehändler und kam Mitte des neunzehnten Jahrhunderts aus östlicher Richtung nach Wien. Zu Fuß. Daß er Pferdehändler war und zu Fuß kam, beschäftigte meine Phantasie. So stellte ich mir den Kaukasier manchmal mit Hufeisen an den Schuhen vor. Manchmal erschien er mir barfuß, manchmal ging er vor einer riesigen Herde von dunklen Wildpferden durch die staubigen Vorstädte des Ostens, und die Leute versteckten sich ängstlich in ihren geduckten Hütten. Stolz schritt er mit seinen Pferden voran und zwirbelte seinen dunkelbraunen Schnurrbart.

Von meinem kaukasischen Ururgroßvater kannte man nur den Vornamen. Er nannte sich Dschadscho. Ob er wirklich so hieß oder sich nur so nannte, konnte auch niemand in Erfahrung bringen. Er selbst hat es jedenfalls nicht verraten. Man hatte sich mit diesem Vornamen zu begnügen, denn den Nachnamen kannte er angeblich selbst nicht. Was wahrscheinlich stimmte. Oder vielleicht. Insofern war mein Ururgroßvater, wenn er denn tatsächlich mein Ururgroßvater war, ein typischer Kaukasier, wenn er denn tatsächlich ein Kaukasier war. Denn das »oder vielleicht« oder das »vielleicht nicht« macht den Kaukasier aus. Man sollte jedoch deshalb nicht annehmen, daß ein Kaukasier weniger gradlinig wäre. Er ist es sehr wohl, aber auf nur ihm bekannten Umwegen, die ein anderer nicht verstehen muß. Es stellt sich nun die Frage – sie hätte sich schon viel früher stellen können, aber niemand aus der Familie stellte sie –, aus welchem Teil des Kaukasus der Urahne gekommen war. Wenn er wirklich aus dem Kaukasus gekommen war. Zunächst die Frage, ob er von diesseits oder jenseits des Gebirges gekommen war, aus den nördlichen Kaukasusländern oder aus dem sogenannten Transkaukasien. Bei der ersten Möglichkeit hätte er zum Beispiel aus Adygien kommen können, oder aus Tscherkessien, oder aus Kabardino-Balkarien, aus dem nördlichen Ossetien, aus Inguschetien, Tschetschenien, oder aus Dagestan. Die zweite Möglichkeit könnte Dschadscho zum Georgier machen, oder zum Abchasen, zum südlichen Osseten, zum Adscharier, Armenier, Aserbaidschaner. Wobei hier noch längst nicht alle Völker und Volksstämme aufgezählt sind, die es diesseits und jenseits des Kaukasus gab oder gibt. Und ich beginne zu ahnen, warum sich keiner die Mühe machen wollte, die Herkunft des Ururgroßvaters genauer zu erforschen.

Er kam übrigens ohne ein einziges Pferd in Wien an. Das erfuhr ich aus einem Nebensatz meiner Großmutter. Die Pferde hatte er unterwegs verkauft, neue gekauft, die er wieder verkaufte. Hauptsächlich in Galizien, was ich wiederum von meiner Großtante wußte, die ihre Schwester gelegentlich sanft, aber energisch korrigierte.

Er war also über Galizien gekommen. Woher meine Großtante wußte, daß er die Pferde hauptsächlich in Galizien gekauft und verkauft hatte, wovon wiederum meine Großmutter keine Ahnung hatte, was aber meine Tante ausdrücklich bestätigte, obwohl sie mindestens dreißig Jahre nach dem Tod des Kaukasiers geboren wurde, weiß ich nicht. Ich weiß nur, daß es besser war, die Erzählungen durch bohrendes Nachfragen nicht zu unterbrechen, da sonst die mühsam errichtete Struktur eines Familien-Stammbaums, auf den man stolz sein wollte und der mehr einem ausgedörrten, abgestorbenen Gebüsch ähnelte, in sich zusammenzufallen drohte. Meine Großmutter und auch meine Großtante waren dann verwirrt oder verstört oder verängstigt oder alles zugleich.

Und was für eine Sprache soll mein Urgroßvater gesprochen haben? Konnte er deutsch, und wenn, woher? Welche Sprache hatte er ursprünglich gesprochen, als er aus dem Kaukasus aufgebrochen war? Und warum war er überhaupt aufgebrochen? Man könnte es sich einfach machen und sagen, er sprach wahrscheinlich georgisch oder russisch. Man kann es sich auch erheblich komplizierter machen und fragen, wieviele Sprachen es im Kaukasus überhaupt gibt, und welche davon er gesprochen haben könnte. Wie gesagt, es gibt Georgisch, das zu den kaukasischen Sprachen gehört, genaugenommen zu den südkaukasischen, zu denen auch Megrelisch, Lasisch und Swanisch gehören. Doch es gibt auch die nordkaukasischen Sprachen, die in eine westliche und eine östliche Gruppe aufgeteilt werden. Zur nordwestkaukasischen Sprachgruppe zählen Abchasisch, Tscherkessisch und Ubychisch, wobei es ein Ober- und ein Niedertscherkessisch gibt, die man auch als Adygeisch und Kabardinisch bezeichnet. Die nordostkaukasische Sprachgruppe besteht aus Veinachisch und Dagestanisch, von denen sich wieder das Tschetschenische, Inguschische sowie das Batsische ableiten, aber auch Awarisch, Didoisch, Darginisch, Lakkisch, Lesgisch, Tabassaranisch, Udisch und Chinalugisch. Ferner findet man in dieser Gruppe Sprachen mit dem Namen Andi, Botlich, Godoberi, Karata, Tschamalal, Bagwalal, Tindi, Achwach, Dido, Chwarschi, Kaputschi, außerdem Kubatschinisch, Agulisch, Rutulisch, Zachurisch, Buduchisch und Dschekisch. Es besteht jedoch auch die Möglichkeit, daß er eine der indogermanischen Sprachen im kaukasischen Raum gesprochen hat. Hier ist die Auswahl kleiner, Armenisch, Iranisch, Kurdisch, um die bekannteren zu nennen. Oder Tatisch, Talyschisch, Ossetisch? In welcher dieser Sprachen hat er gedacht? Mit welchen Lauten auf der Zunge ist er am Morgen aufgewacht? Mit welchen Worten hat er sich verabschiedet? Und von wem, von einer Frau, vielen Frauen, Kindern, Eltern? Oder zog er stumm und schweigend und allein fort, ohne ein Wort des Abschieds? Mußte er heimlich fliehen, und blieb ihm keine Zeit mehr? Für Worte und Gesten, für Blicke zurück. Alle diese Fragen werden unbeantwortet bleiben, es sei denn, die Geschichte von Dschadscho wird noch einmal erfunden.

Seine Herkunft liegt im dunkeln. Das hat er mit dem Volk der Georgier, den Kartweli, wie sie sich nennen, gemeinsam. Niemand weiß, woher sie kamen und wie lange es sie schon gibt.

Die tödliche Gastfreundschaft

Schon lange hatte er das Geschwätz der Mitteleuropäer von der grenzenlosen georgischen Gastfreundschaft und den sich biegenden Tafeln, das ihm schon als Vorgriff auf zukünftige Werbeprospekte der Tourismusverbände erschienen war, nicht mehr ertragen. Es ist wahr, die Tafel biegt sich wirklich ein wenig, konstatierte er erstaunt. Unter Blumengebinden, georgischem Sekt der Marke »Regina Tamara«, Coca Cola, Wein, Torten, Wein, Kuchen, Wein, Fanta, Wodka, Mineralwasser der Marke »Borjomi«, Wein. Unter Wangen, Lippen, Mündern, Gläsern, Tellern, Umarmungen, Schweigen, Rufen, Worten, Reden. Ich sehe Wangen, Lippen, Münder, ich höre das Klirren der Gläser und Teller, ich betrachte die Umarmungen und Küsse, oder ich fühle sie, ich höre das Schweigen, die Rufe, die Worte, die Verlegenheit.

Bei der ersten Einladung war er noch gerührt gewesen. Fast ergriffen hörte er die Worte des Tamada, Chefs der Tafel, Regisseur und Hauptdarsteller, der die Trinksprüche ausbringt und weitergibt, den nächsten Redner bestimmt und die Verantwortung für Unterhaltung und Stimmung trägt. Der Herrscher des Tisches. Erstaunt, daß die Gläser einzig auf ihn, den Gast, erhoben wurden, die Wünsche, welche Gesundheit, Glück und Freude verhießen, allein ihm galten, wurde ihm, während er noch abwechselnd bleich und errötend, ernst und feierlich, lächelnd und schüchtern den Blick auf den Teller senkte, von dem er immer noch keinen Bissen genommen hatte, in einer einzigen Schrecksekunde bewußt, daß sehr bald er, er selbst, den folgenden Trinkspruch darbringen mußte. Die Reden wurden auf Frau und Kinder, Familie, Verwandte, Ahnen und Urahnen, Länder, Völker, Bande der Freundschaft und Liebe gehalten. Fieberhaft begann er zu überlegen, auf wen er seinen Trinkspruch, auf den sicher alle mit Spannung warteten, aussprechen sollte. Was sollte er sagen? Es würde erwartet werden, daß er sich elegant und gewählt, freundschaftlich herzlich, mit der angemessenen Tiefe der Gedanken und Gefühle ausdrückte. Er würde seine Worte sorgfältig wählen müssen, er durfte auf keinen Fall etwas Falsches sagen. Was war das Falsche, das Falscheste? Glänzende Augenpaare waren auf ihn gerichtet, das warmherzige Lächeln aller Anwesenden an der Tafel, von denen er kaum einen kannte, galt ihm. Er war der Mittelpunkt und wagte kaum, den Blick zu heben. Das Blut schoß ihm in den Kopf, die zitternden Hände, die ihm nicht mehr gehorchten, versuchten das Glas fest zu umschließen, das höfliche Lächeln, das seiner Nachbarin gelten sollte, verzerrte sich zu einer schief zuckenden Grimasse und blieb an einer Colaflasche hängen.

Die Coca-Cola-Flasche weckte seinen Zorn. Entschlossen sagte er sich, daß er einen Trinkspruch auf die Wahrheit ausbringen mußte. Daß er die georgischen Freunde vor den Einflüsterungen, Schmeicheleien und Verführungen des Westens warnen müsse. Er blähte sich ein wenig auf. Er hob den Kopf, senkte nicht mehr den Blick, umfaßte selbstsicher sein Glas, strich versonnen über die Blüte einer violetten Blume, dann über die Colaflasche aus Plastik, energisch lächelte er jetzt seine Nachbarin an. Er konnte es kaum mehr erwarten. Wann war er endlich dran? Der Tamada stand am Kopf der Tafel und hörte nicht auf zu reden. Er redete georgisch. Natürlich, was sonst? Der Gast begann, sich seine Worte zurechtzulegen. Die Sätze formten sich in seinem Kopf zu einem kleinen, belehrenden Leitartikel. Belehrung, ohne belehrend zu wirken, natürlich. Das erbärmliche Besserwissen nahm von ihm Besitz. Jetzt tranken alle. Man durfte nur trinken, wenn es der Tamada erlaubte. Man durfte sich auch nicht mit seinen Nachbarn unterhalten, wenn gerade ein Toast ausgebracht wurde, und ein Toast wurde immer ausgebracht. Also unterhielt man sich nie mit seinen Nachbarn.

Der Gast beschied sich zunächst, zuzuhören und nichts zu verstehen, dann den Ausführungen seines Dolmetschers zu folgen, den er nur teilweise verstand, weil er entweder flüsterte oder raunte oder falsch übersetzte, schließlich wieder seinen eigenen Gedanken zu folgen, die sich darum drehten, ob er seinen georgischen Unbekannten das, was er in dieser Stunde für eine Wahrheit hielt, wirklich mitteilen und damit riskieren sollte, sie vor den Kopf zu stoßen und zu beleidigen, oder sich daher besser mit einer Phrase begnügen sollte, wie es der Tamada ja auch tat, obgleich in dessen Ohren und denen der übrigen Zuhörer kein Wort als Phrase oder Banalität begriffen wurde. Er schämte sich zornig. Und ganz unpassend trank er sein Glas auf einen Sitz aus, ehe der Tamada seinen Trinkspruch beendet hatte. Der Dolmetscher zu seiner Linken starrte ihn mit offenem Mund an. Die Dame zu seiner Rechten wirkte verstört. Aber der Tamada lächelte, er lächelte ihn an, ja, der Gast meinte sogar, ihn kurz zwischen zwei Worten auflachen zu hören. Und er meinte, gleichzeitig ein böses Flackern in den berühmten schwarzen georgischen Augen zu erkennen. Oder war es nur der Schein der Kerzen? Der Gast war ein bißchen erschrocken. Er wischte sich mit der Serviette über den Mund. Der Herr der Tafel hob sein Glas, alle hoben ihre Gläser und tranken sie in einem

Zug leer. Das Glas des Gastes war aber schon leer gewesen, er hob es nur zaghaft in die Höhe und stellte es dann wieder ab. Fürsorglich unauffällig schenkte ihm sein Dolmetscher nach.

Als er schließlich mit höflicher Geste gebeten wurde, seinen Trinkspruch auszubringen, war alle Verlegenheit von ihm gewichen, und er hob sein volles Glas und sagte mit fester Stimme: »Ich habe in Georgien mit allem gerechnet, nur nicht mit mir selbst. Deshalb trinke ich als erstes auf mich selbst, damit ich mich auf meinen künftigen Fahrten mir nicht mehr in den Weg stelle. Zum Wohl!« Es war nicht so falsch, wie er kurz befürchtet hatte, aber es war auch nicht ganz richtig. Beklommene Stille herrschte zunächst für einige bange Sekunden, dann lachten alle, erstaunt und befreit und beglückt, oder kam ihm das nur so vor? Der Tamada umarmte den Gast, klopfte an sein Glas und sagte, daß der Gast an ihrer Tafel ein Philosoph sei, deshalb trinke er jetzt auf die Philosophie.

Das georgische Gastmahl, für den Gast, der von Gott kommt, ist ein geschlossenes System, eine Diktatur im kleinen. Später empfand sie der Gast nur mehr als überkommenes Ritual mit despotischen Zügen, maskenhaft, erstarrt und ermüdend, den Tamada selbst als Zensor eines kulinarischen Parteitages. Später hätte er auch nicht mehr sagen können, ob er diese georgische Tafel nur geträumt hatte. Es war ihm nicht mehr klar, wo sie stattgefunden hatte und in welchem Zusammenhang. War es in Gremi im östlichen Teil des Landes Richtung Aserbaidschan, im fruchtbaren Weinland Kachetien gewesen, wo er zu Füßen einer spätmittelalterlichen Festung in der nur von einem Feuer und wenigen Kerzen erhellten Küche eines kleinen Anwesens mit Jägern und Bauern getrunken und im Vollrausch Stalin gepriesen hatte, dessen lebensgroßes Portrait im Garten neben dem Misthaufen aufgestellt war, so daß man den Vater der Völker gleich von der Straße aus sehen konnte?

Nein, denn es war ein anderer Raum, und nur Männer waren dabei gewesen. Die Großmutter, die Frau und die Töchter waren in gemessenem Abstand auf den Betten, die in der Küche standen, im Dunkeln gesessen, hatten sich nicht am Gespräch, das heißt, an den Sprüchen, beteiligt. Sie waren nicht beteiligt worden. Der Gast hätte sich lieber mit den Frauen unterhalten. Sie hatten mehr zu erzählen, das sah er ihnen an.

Der Herrscher der Tafel von Gremi war ihm im Lauf des Abends immer unangenehmer geworden. Den Gast beschlich das Gefühl, daß jener bei der Bewirtung und Unterhaltung der Gäste, die ihm aufgezwungen worden waren, und die er nicht eingeladen hatte, nur einer lästigen Pflicht nachkam, der er sich nicht entziehen konnte. Er brachte seine Trinksprüche in immer schnellerem Tempo aus, ein Toast folgte dem anderen, bis der Gast, der den schweren gelbbraunen Wein nicht gewöhnt war, betrunken wurde. Eine grausame Freude erfüllte den Gastgeber offensichtlich angesichts seines betrunkenen Gastes aus Deutschland, der nicht aufhörte zu beteuern, daß er aus Österreich und nicht aus Deutschland komme, bis er es selbst nicht mehr glaubte. Aber er wohne doch in Hamburg? Ja, aber ... Also in Deutschland, also aus Deutschland, lachte der kachetische Bauer, der blonde Haare hatte, so daß der betrunkene Gast plötzlich den starken Eindruck hatte, der kachetische Bauer sei kein Georgier, sondern ein ehemaliger Staatssicherheits-Mitarbeiter aus Mecklenburg-Vorpommern, der, aus welchen Gründen auch immer, in Georgien untergetaucht war und mit ihm ein sadistisches Spiel trieb, dessen Regeln er nicht durchschaute. Aber als der nächste Tag angebrochen war und die Erinnerung an den vergangenen Abend den Gast wieder einholte, verscheuchte er die Gedanken daran als paranoide Trugbilder.

Nein, in dem kachetischen Dorf war es nicht gewesen. Und auch nicht in Adscharien, nahe der türkischen Grenze, im ehemaligen sowjetischen Sperrgebiet, wo die Tafel als Picknick stattgefunden hatte, auf einer Waldlichtung an einem Wildbach, wo er sich in Salzburg oder Tirol gewähnt hatte und nicht an der Grenze zu Anatolien. Wo ihn angetrunkene Männer gepriesen und umarmt hatten, die er wenige Stunden zuvor noch nicht einmal gekannt hatte. Männer, die er am folgenden Tag in der adscharischen Hauptstadt aus dem Gebäude des Sicherheitsministeriums kommen sah, wo sie ihn kühl und knapp grüßten und weitereilten. Nein, in Adscharien, nahe der türkischen Grenze, hatte jenes Gastmahl, das ihm sein Dasein als einzige, ununterbrochene Verlegenheit erklärt hatte, auch nicht stattgefunden. Und auch nicht in Tbilissi im Restaurant »Stuttgart«, das nur für diesen Anlaß geöffnet worden zu sein schien, es war dem Gast vorgekommen, als hätte man in allerletzter Minute vor dem Eintreffen der Gäste das Schild mit dem Namen des Restaurants angebracht, einzig und allein für diesen Abend.

Eine echte Fassade, hatte er staunend gedacht, einer Filmkulisse würdig, und es hätte ihn nicht weiter verwundert, wenn um die Ecke ein Kamerateam des ZDF aufgetaucht wäre, um ein kritisches Fernsehspiel über Georgien zu drehen. Ein ketzerischer Schweizer Theologe hatte einen Toast auf ihn ausgebracht, auch hier war er verlegen gewesen, aber die Verlegenheit hatte ihn nicht existentiell provoziert wie bei jenem georgischen Gastmahl, das er keinem Ort und keiner Zeit mehr zuordnen konnte.

Wenn der Gast Georgiern aus den verschiedensten Teilen des Landes von seinen Reisen durch ihre Heimat erzählte, auf die sie so rührend stolz waren, daß man sie vor diesem Stolz hätte warnen müssen, wurde er zuerst gefragt, wo er denn überall gewesen sei, als würde man ihm nicht recht glauben, daß er überhaupt irgendwo gewesen sei. Und wenn er dann Auskunft gab und die Stationen seiner Fahrten kreuz und quer durch ihr Land nannte, Tbilissi, natürlich, man nickte beifällig, Sagaredscho, David Garedscha, ja, schön! Wie schön! Ist es nicht schön?! Telawi, Gremi, Mzcheta, Pasanauri, Gudauri, Kasbegi, Gori – ja, ernstes Schweigen verhüllte die Gesichter. Waren Sie im Stalin-Museum? fragt einer vorsichtig; als ich antworte, ja, ich war im Stalin-Museum, werden keine weiteren Fragen gestellt, der Gast hat das Gefühl, seine Zuhörer möchten rasch darüber hinweggehen, weitergehen zur nächsten Station, Uplisziche, die alte Höhlenstadt, Wardsia, die noch ältere, riesige Höhlenstadt, Aspindsa, Kutaissi, Bagdadi; der Geburtsort Majakowskis, Mamati – hier brachen regelmäßig alle Zuhörer, wo auch immer, in lautes, kindliches Gelächter aus, verlegen prustend hielten sich die Frauen und Mädchen die Hände vor den Mund. Zunächst war der Gast erstaunt, dann gewöhnte er sich an das Gelächter der sonst meist in schüchterner oder vornehmer Zurückhaltung verharrenden Zuhörer.

Mamati ist ein Nest am Ende der Welt. Es schien dem Gast noch mehr am Ende der Welt zu liegen als das Kaukasusgebirge, das für die Griechen das Ende der Welt bezeichnet hatte, obwohl der Ort Mamati weitab vom großen Kaukasus, oberhalb der fruchtbaren Kolchis-Ebene liegt. Schon die Anfahrt schien kein Ende zu nehmen, und als sie den Ort endlich erreicht hatten – für die Strecke von etwa vierzig Kilometern hatten sie auf elenden Straßen weit über drei Stunden gebraucht – erkannte er ihn nicht als solchen. Er meinte, sie führen durch eine Ansiedlung von verstreut liegenden Baracken und Schuppen, die allesamt verlassen waren. Schon seit langem. Kühe umstellten das sozialistische Heldendenkmal in der Mitte des Dorfplatzes. Nach langer Zeit kam ein einzelner Mann die Straße entlang, der die drei Fremden mißtrauisch musterte und im nächsten Moment so rasch hinter einem Holzverschlag verschwand, daß sie nicht mehr dazu kamen, auch nur ein einziges Wort an ihn zu richten.

»Mamati«, sagte Giorgi, der Dolmetscher, stolz, als sei er im Besitz einer Zauberformel. Giwi, der Chauffeur, blickte sich um und sagte dann etwas. Der Dolmetscher schwieg. Der Gast fragte, was er gesagt habe. »Daß man, wenn man hier geboren wird, entweder bleibt bis an sein Lebensende oder alles tun wird, um diesen Ort für immer zu verlassen und nie mehr zurückzukehren.« Mamati ist der Geburtsort des georgischen Präsidenten Eduard Schewardnadse.

»Was machen wir jetzt?« fragte ich, während wir über die Kühe und das sozialistische Heldendenkmal und die Hügel blickten, über die sich kilometerlange Teeplantagen zogen, in denen man gelegentlich sich auf und nieder bewegende, helle Punkte ausmachte, die breitkrempigen Strohhüte der sich bückenden Teepflückerinnen. Still und versteckt verrichteten sie die mühselige Arbeit.

»Wir gehen zu meinem Onkel!« antwortete Giorgi, der Dolmetscher.

»Du hast sogar hier einen Onkel? Hier in Mamati?« Der Gast war mittlerweile daran gewöhnt, daß Giorgi, der nicht nur Dolmetscher, sondern auch Aufpasser war, in jedem Ort, in dem sie sich länger als drei oder vier Stunden aufhielten, einen oder mehrere Verwandte besaß, die er aufsuchte, und von denen wir dann in schöner Regelmäßigkeit eingeladen wurden und aßen und tranken, bis es dunkel war und wir über Nacht bleiben mußten. Nächtliche Überlandfahrten werden in Georgien besser nicht unternommen, heißt es, aus Gründen, die nicht weiter erläutert werden, die man aber leicht erahnen kann. Entführung, Verschleppung, Raub und Mord. Also blieben wir immer über Nacht. Der Onkel wohnte gleich um die Ecke und schien uns erwartet zu haben, denn er zeigte keinerlei Überraschung, sondern begrüßte uns freundlich, als würden wir uns schon lange kennen. Und auch die Frauen des Hauses mußten mit uns gerechnet haben, denn schon nach kurzer Zeit saßen wir wieder einmal vor einer üppigen Tafel und erwarteten ergeben den ersten Trinkspruch.

Der Onkel wollte mit Dschadscha, dem selbstgebrannten georgischen Trester, anstoßen, was der Gast ablehnte, da er die Wirkung, die ihn schon einmal an den Rand des Todes geführt hatte, kannte, worauf man irritiert, aber verständnisvoll auf den hellbraunen Wein zurückgriff. Der Onkel erzählte vom Präsidenten. Sie seien zusammen in die Schule gegangen. Schewardnadse habe als Halbwüchsiger im Ort die Post ausgetragen. Er könne ihn jederzeit in Tiflis im Präsidentenpalast besuchen. Jederzeit, ohne Voranmeldung. Das habe er ihm von sich aus gesagt. Er wollte uns das Haus zeigen, in dem der Präsident seine Kindheit und Jugend verbracht hatte.

Ein massives, einstöckiges Gebäude, aus Holz und Stein gebaut, innen und außen mit holzverkleideten Wänden. Der Präsident wünscht nicht, daß an dem Haus etwas verändert wird. Das Haus soll das Aussehen beibehalten, das es schon zur Jugendzeit des Präsidenten gehabt hat. Eine uralte Russin versorgt es. Als sie uns sah, murmelte sie etwas, beachtete die Fremden aber nicht weiter, die das von ihr behütete Haus ehrfurchtsvoll betraten. Die Räume wirkten unbewohnt, einfach, sauber. Das Haus eines wohlhabenden Bauern. Der Präsident sei schon seit fünf Jahren nicht mehr hier gewesen. Er habe nie die Zeit dafür gefunden. Er bedauere das sehr, aber es lasse sich nicht ändern. Doch später einmal, wenn er nicht mehr Präsident sein werde, was sich keiner vorstellen könne, werde er seinen Lebensabend hier, an diesem Platz Georgiens und der Welt, verbringen.

Der Gast betrachtete die spärlichen Bilder an den Wänden des Wohnzimmers. Ein Ölgemälde des heutigen Präsidenten in seiner Zeit als georgischer Parteichef, ein Photo im Kreis seiner Familie, mit Kindern und Enkeln. Ein Photo von Stalin mit Pfeife am Schreibtisch, gutmütig grinsend vor Papieren sitzend, ein menschliches Photo, kein Gedanke an einen Tyrannen, Despoten, Diktator. Der Gast fragt sich, vor welchen Papieren Stalin gerade sitzt. Warum immer gleich an Todesurteile denken, ertappt sich der Gast und sieht sich erschrocken um.

Er ist allein im Zimmer, die anderen sind schon weitergegangen, aber er weiß nicht, durch welche Türe. Es gibt zwei, und er hat nicht darauf geachtet. Wohin soll er gehen? Wohin sind die anderen gegangen? Er hört keine Stimmen mehr. Eben noch hatte er die Stimmen des Dolmetschers und seines Onkels gehört, wie sie sich eifrig unterhielten. Auf einmal Totenstille. Dann geht die Tür auf, und Giorgi steckt seinen Kopf herein.

»Kommst du?«

»Ja, ja, gleich ...«

Er ist so erleichtert, daß er seinem Dolmetscher um den Hals fallen möchte. Im Gehen streift sein Blick noch einmal Stalins Photo.

Die Fremden betrachteten die Gästezimmer mit den gemachten Betten, die Bäder, als gingen sie durch ein Museum. Erst hier, beim Anblick der spartanischen Gemütlichkeit, fiel dem Gast der Begriff Datscha ein. Er hatte sich nie eine genaue Vorstellung davon gemacht. War dieses Haus hier in Südwestgeorgien in der Provinz Gurien eine Datscha? Dafür lag es zu weit weg von der Hauptstadt, beinahe unerreichbar. Außerdem suchte es niemand auf. Keiner kam hierher, um sich zu erholen, auszukurieren, nachzudenken. Aber dem Gast gefiel die Vorstellung, daß es eine Datscha war. Daß ein Staatsmann sich hier ausruhte, Holz hackte, Feuer machte, vielleicht kochte, um sich zu entspannen, oder auf die Jagd ging, Gäste einlud und bewirtete, westliche Politiker wie einen amerikanischen Außenminister oder einen deutschen Wirtschaftsminister. Die Vorstellung der Anwesenheit eines amerikanischen Außenministers an diesem Ort fernab vom Lärm der Welt ernüchterte den Gast, doch erzeugte sie auch eine gewisse Spannung, die Möglichkeit, daß an diesem Ort, in und vor diesem Haus, in den Wäldern ringsum, womöglich weltpolitische Entscheidungen von historischer Tragweite getroffen wurden, besaß etwas Erregendes, auch wenn sich diese Entscheidungen einmal als grundfalsch herausstellen sollten.

War nicht die vielbejubelte Einheit der Deutschen im nördlichen Kaukasus zur Entscheidung gebracht worden? Die Vorstellung von einem Heer von Leibwächtern an diesem stillen Platz erschreckte ihn nicht. Bodyguards machen sich überall recht gut, sie verbreiten eine spannungsgeladene Langeweile, die sich mit dem Zustand der Erde deckt. Die Vorstellung des deutschen Wirtschaftsministers nahm dem Ort jedoch sofort allen Zauber. Jeder Wirtschaftsminister, gleich welcher Couleur, hätte diesem Ort seinen Geist und seine Atmosphäre ausgeblasen. Der Gast entschied, Wirtschafts- und Finanzminister haben hier nichts zu suchen. Wenn überhaupt, dann nur Außenminister, und auch diese nicht länger als drei Tage.

Sie verabschiedeten sich von der alten Russin, die sie kaum eines Blickes würdigte, und kehrten heim in das Haus des Onkels, das der Gast wirklich schon als eine Art von Zuhause betrachtete.

Zuerst war von einer Schwester des Präsidenten, dann von einer Kusine die Rede. Der Gast verstand nicht, ob es sich um ein und dieselbe Person handelte. Es war die Rede davon, daß man sie unbedingt noch heute abend vor Einbruch der Dunkelheit aufsuchen müsse, da sie die Schwester oder die Kusine des Präsidenten war, es war nicht möglich, herauszubekommen, in welchem Verwandtschaftsverhältnis die Dame genau zum Präsidenten stand, der Gast müsse sie unbedingt kennenlernen. Der Gast, ermattet vom Wein und all den köstlichen Speisen, die er den ganzen Nachmittag zu sich genommen hatte, und von der würzigen, alle Poren durchdringenden Luft, die jetzt, bei Einfall der Dämmerung, spürbar kühler wurde, leistete nur schwachen Widerstand, obwohl er keine Lust mehr hatte, noch irgendjemanden aufzusuchen. Und so suchten sie die Verwandte des Präsidenten auf.

Ein wütender Hund empfing sie an der Gartenpforte, und Giwi, der Chauffeur, blieb erst einmal im Wagen sitzen, was das Bedürfnis des Gastes, auszusteigen, nicht erhöhte. »Achtung, der Hund beißt!« übersetzte Giorgi die Worte des zur Pforte eilenden, breitschultrigen Mannes, dessen Gesicht von einem einzigen Grinsen erfüllt war, auch seine Augen leuchteten wie toll, als hätte er gerade den besten Witz seines Lebens gehört. Das Eingeständnis, daß sie es mit einem bissigen Hund zu tun hatten, beruhigte den Gast mehr, als das beruhigende »Der tut nichts«, das er aus dem Mund der wutschnaubenden, deutschen Hundebesitzer kannte, deren Lieblinge sich meist als beißwütige Kampfhunde herausstellten, bereit zum Sprung auf die Halsschlagader.

Die Kusine des Präsidenten – jetzt hatte der Dolmetscher eindeutig Kusine gesagt, vielleicht meinte er aber auch Schwägerin und wußte nur nicht das richtige Wort –, die Kusine des Präsidenten war krank. Sie schien sich über den Besuch ehrlich zu freuen, zugleich war es ihr unangenehm, uns im Schlafrock zu empfangen. Sie bot uns Schnaps an, von dem wir nippten. Sie sei bettlägerig, sagte sie. Der breitschultrige Mann grinste weiter. Der Gast hielt ihn für den Sohn, obwohl er, wenn man ihn genau betrachtete, dafür ein wenig zu alt war. Sie bot uns sehr süße, etwas klebrige Pralinen an, die wir zuerst ablehnten, aber schließlich essen mußten. Unvermittelt sagte sie, während wir die klebrigen Pralinen halb lutschten, halb kauten, daß sie sehr krank sei. Ich erwähnte Schewardnadse. Ihre Augen begannen zu leuchten, und für Augenblicke waren Alter und Krankheit wie abgefallen von ihr, und der Gast meinte, ein schwärmerisches junges Mädchen vor sich zu haben, das von seiner ersten Liebe erzählt.

»Er ist so gut. Er tut alles für uns. Für unser Land.« Ich glaubte ihr sogar. Ein Schatten glitt über ihr Gesicht, und Alter und Jugend überlagerten einander, zeichneten mit gleicher Kraft ihre Züge, bis das junge, mädchenhafte Antlitz entwich und das Alter wieder Besitz ergriff, hart, unbarmherzig und endgültig. Sie war wieder die alte Frau. Müde ließ sie sich in einen Sessel fallen. Ein Knopf ihres Schlafrocks hatte sich geöffnet und gab den Blick auf ein schäbiges Unterkleid frei. Unschlüssig sah sie uns an. Sie schien sich zu fragen, wer wir eigentlich seien und was wir von ihr wollten. In diesem Moment hätte ich ihr keine Antwort geben können. Und zu einem anderen Zeitpunkt?

Sie bemerkte den offenstehenden Schlafrock und zog ihn mit einer verlegenen Geste fest um sich, nestelte an dem aufgesprungenen Knopf, versuchte ihn wieder in das Knopfloch zu bringen, das sie nicht fand, schließlich stand sie auf, drehte sich entschlossen mit dem Rücken zu uns um und machte den Knopf zu. Als sie sich uns wieder zuwandte, lächelte sie erleichtert, als hätte sie eine schwere Aufgabe hinter sich gebracht.

Sie müsse sich jetzt wieder hinlegen, meinte sie dann. Wir sollten den Schnaps austrinken, ermunterte sie uns. Wir mußten die ganze Schachtel Pralinen mitnehmen. Der breitschultrige Mann brachte uns noch bis zum Gartentor, der wilde Hund war verschwunden. Wir verabschiedeten uns herzlich. Ich wußte nicht einmal seinen Namen. Als ich im Auto saß, rann mir der klebrige Inhalt einer Praline, die ich in meiner Hand vergessen und langsam zerdrückt hatte, über die Finger. Der Chauffeur gab Gas.

Ich fragte noch, während ich über die grünbraunen, samtenen Teepflanzungen blickte, die sich in weiten Schleifen unter den letzten Sonnenstrahlen die Hügelketten hinunterzogen wie ein angeschwollener Fluß, wer der lachende Mann gewesen sei. »Ein Nachbar«, bekam ich knapp zur Antwort.

Wir hatten vorgehabt, bei Giorgis Onkel und Schewardnadses Freund zu übernachten. Doch ich drängte meine Begleiter zur Eile. Ich wollte noch an diesem Abend ans Schwarze Meer. Ich wollte noch an diesem Abend Poti, das antike Phasis, erreichen. Ich hatte genug von Einladungen, Gastfreundschaft, knappen Antworten und vertanen Chancen, die sich einem in Georgien ununterbrochen als heilige, unverbrüchliche Schwüre offenbaren. »Aber wir müssen uns von meinem Onkel verabschieden«, meinte der Dolmetscher zaghaft, der Überdruß und Zorn in mir bemerkte.

Ich gab keine Antwort. Kurz danach hielten wir vor dem Bauernhaus, das schon von den ersten Vorboten der hereinbrechenden Nacht erreicht war und dunkel gegen den fahl grünen Himmel stand. Giwi stellte den Motor ab, und es war ganz still. Dann hörten wir Frösche quaken, Grillen zirpen. Vor dem Haus, das fast im Dunkeln lag, wurde Licht gemacht. Der Onkel, seine Frau und seine beiden Töchter kamen uns entgegen. Giorgi erklärte lange. Sie wollten es nicht verstehen. Wie konnte der Gast die Einladung abschlagen? Die Betten waren bereits bezogen. Das Essen … Die Worte erstarben in ihren Mündern. Giwi stand abseits und rauchte. Wir schwiegen. Als ihnen klar wurde, daß mein Entschluß unumstößlich war, gingen die Frauen ins Haus zurück, der alte Mann blieb stehen. Er sah mich nicht unfreundlich an, nur neugierig und etwas traurig. Ich glaube, er verstand mich. Und gerade, daß er verstand, erfüllte ihn mit Trauer. So glaubte ich zu verstehen. Wir sollten noch etwas warten, nicht lange, fügte er hinzu und ging ins Haus. Er kam mit Wein und Gläsern zurück.

Wir tranken auf den Abschied von dem Dorf Mamati, in dem der Präsident geboren wurde und aufwuchs. Mit diesen Worten ungefähr hob der Mann, welcher der Schulfreund des Präsidenten war, sein Glas. Als wir das zweite Glas geleert hatten, trennten uns nur noch wenige Schritte von der Dunkelheit. Der Alte stellte die Weinkaraffe auf dem feuchten Gras ab und griff in seine Hosentasche. Es war eine so beiläufige Handlung, daß wir sie gar nicht weiter beachteten und meinten, er zöge sein Taschentuch hervor. Es war ein furchtbarer Dolch wie aus einem alten orientalischen Märchen, den er hervorholte, in einer mit

Edelsteinen besetzten, silbernen Scheide, mit einem goldenen Griff, nach unten hin leicht gebogen, kein Krummdolch, wie ihn einst die Türken trugen, sondern ein Schmuckstück wie für eine Frau, anmutig und zierlich, ließ er die Grausamkeit nur als fernen Schatten ahnen, und vom Tod nur die Süße.

»Georgischer Dolch«, übersetzte Giorgi mit lüsternen Augen und sachlicher Stimme. Die türkisblauen Perlen auf dem sorgfältig gearbeiteten Griff schimmerten seidig, die rötlichen und grünlichen Steine auf dem weißlichen Silber der Scheide glänzten sanft in der schwieligen Hand des gurischen Bauern. Er faßte den Griff und zog die Klinge heraus. Sie glänzte nur matt im Vergleich zu Griff und Scheide. Langsam fuhr er mit der Scheide an dem Weinglas entlang, ein kehliges, schleifendes Geräusch drang leise an mein Ohr. Er reichte dem Dolmetscher sein Glas, in der einen Hand die Scheide, in der anderen den Dolch, zog er mich mit einem Ruck zu sich heran und umarmte mich mit einer Kraft, die ich in dem abgearbeiteten, ausgemergelten Körper nicht vermutet hatte. Vor Schreck stand ich stocksteif, ich meinte, die Klinge bis zum Heft in meinen Rücken eindringen zu spüren, sah mich schon röchelnd und verendend am Boden liegen. Der Alte löste sich von mir, tat einen Schritt zurück. Wortlos drehte er sich um und ging ins Haus.

Ungeduld und Ohnmacht

Das Land steht still. Riesige Fabriken, die Fenster schwarz oder zerbrochen, Splitter und Scherben auf dem Boden davor. Wilde Hunde mit blutigen Pfoten streunen auf verkommenem, unübersehbarem Gelände, das mit der Landschaft verschmolzen scheint. Kein Schlot raucht. Kein Mensch ist zu sehen. Keine Bewegung, kein Hauch, kein Handgriff spürbar. Berge von Gerümpel und Schrott liegen zwischen brüchigen Mauern und Stacheldraht. Riesige Löcher und Risse in den Mauern. Die Förderbänder bewegen sich schon lange nicht mehr. Wann haben hier zuletzt Menschen gearbeitet? Vor fünf, sechs Jahren vielleicht. Vielleicht.

»Das ist unsere metallverarbeitende Industrie!« ruft Giorgi stolz vom Rücksitz.

»Aber da ist doch schon lange niemand mehr! Kein Mensch arbeitet hier! Es ist doch alles kaputt! Schau hin! Kein Mensch!«

»Aber warum denn nicht?« antwortet er mit einem Lachen, aus dem Hohn herauszuhören ist. Er ist noch keine zwanzig, aber er hat eine alte Lektion schon gut gelernt. So gut, daß er daran glaubt und, stünden die Zeichen wieder auf

Sturm, dafür in den Kampf ziehen, sterben würde. Aber warum denn nicht?

Das Land rottet vor sich hin. Wir fahren an Baustellen vorbei, auf denen verrostete Betonmischer stehen, ins Erdreich halb versunkene Bagger und Planierraupen, vom Rost schon zerfressene Eimer und Drahtseile, Schaufeln, Spaten, Hacken, Fetzen von zerrissenen Zementsäcken liegen verstreut, als hätten die Männer von einem Moment zum anderen alles stehen und liegen gelassen und wären nach Hause gegangen. Nach Hause oder zum Sterben gegangen. Eine Kalaschnikow in die Hand genommen und gekämpft, das heißt geschossen. Gegen die Anhänger des gestürzten Präsidenten oder gegen die Anhänger derer, die ihn gestürzt hatten. Irgendwann kämpften alle gegen alle, jeder gegen jeden, keiner wußte mehr genau, gegen wen oder wofür er schoß. Ein vergessener Anlaß. Aber fast alle schossen. Man ging um die Ecke und war tot. Einer stieg aus dem Auto und eine Kugel traf in den Hals: Er war siebenundzwanzig oder neunundzwanzig oder vierundzwanzig. Jede Familie hatte mindestens einen Toten zu beklagen.

Das Land liegt am Boden.

»Wären Sie doch vor zehn Jahren gekommen! Da blühte und lebte alles, alles war in Bewegung, alles hat funktioniert! Es war so schön, elektrisches Licht, Strom, Energie!«

»Aber vor zehn Jahren herrschte der Kommunismus!«

»Ja, der Kommunismus war schlecht.«

Ich fahre durch Nachkriegsland. Doch der Krieg ist immerhin fünf Jahre vorbei. Kaum wo sind Zeichen des Aufbruchs, des Aufbaus, des Neubeginns zu sehen, außer an wenigen exponierten Stellen der größeren Städte, und die wirken dann fehl am Platz, aufgemotzt, protzig und so unpassend, als wollte man Elend und Armut noch tiefer in den Dreck treten.

Woran liegt's denn, fragt der emsige Europäer. Halten wir fest, es gibt kaum Strom, höchstens vier Stunden am Tag, keine Energie, kein Erdgas, die Kraftwerke stehen still, die Verteiler sind zerstört und werden weiter zerstört, die Rechnungen für Erdgaslieferungen und Strom sind unbezahlt und unbezahlbar, die Leitungen marode. Ununterbrochen geht das Licht an und wieder aus, ein ständiger Kreislauf, der fast sicherer als die Uhrzeit ist und durch den Tag begleitet. Man wartet auf den Strom und darauf, daß er wieder ausfällt.

Am ersten Tag in Tiflis im Schneegestöber beim Gang durch die Straßen dachte ich, die Geschäfte seien alle geschlossen, weil es so dunkel in den Räumen war. Bis ich – schemenhaft zuerst und wie im Traum – Menschen darin ausmachte, Menschen, die in fortwährender Dämmerung ihrer Beschäftigung nachgingen oder dem Vergehen der Zeit nachhingen, nur saßen, redeten, rauchten. Ich meinte, daß sie mich ansahen, doch ich konnte mich täuschen. In ihren Augen las ich einen an niemanden gerichteten stillen Vorwurf und einen lauten Schmerz. Aber auch darin kann ich mich getäuscht haben. Warum denn nicht? Ich setzte meinen Weg durch das Schneegestöber weiter fort, tauchte in Unterführungen ohne Beleuchtung ab.

Die Georgier sind leicht glücklich zu machen und ebenso leicht zu deprimieren. Das fördert Aufbruch und Stillstand. Ist einmal die Euphorie des Anfangs verflogen und damit der erste tote Punkt erreicht, beginnen sie in Bewegungslosigkeit zu verharren und wieder auf bessere Zeiten zu warten. Ihr mächtiger Stolz macht sie unnahbar, ihr mächtiges Minderwertigkeitsgefühl verletzbar. Sie sind in den Jahrhunderten so oft bedrängt, umzingelt, angegriffen, geschlagen und verletzt worden, daß sie schon keinen Schmerz mehr zu spüren meinen. Einzig ihr Land und der Stolz darauf, auf ihr Georgien, ihr Sakartwelo, halten sie aufrecht, halten sie am Leben. Gebeugt haben sie sich nie, vieles, was sie in Angriff genommen haben, gaben sie wieder auf, sich selbst haben sie niemals aufgegeben.

Es gibt den dem Osten zugewandten Georgier, der stundenlang am Straßenrand hocken und schauen kann, auf vorüberfahrende Autos, vorbeiziehende Mulis, strömende und stockende Passanten, die Ebene, die Hügelketten, die Himmelsrichtungen, dem keine Regung anzusehen ist, ob er sich wohlfühlt oder nicht. Mit Gleichmut hockt er da, manchmal raucht er, wenn er gerade Zigaretten hat. Vielleicht wartet er nur auf den Bus, vielleicht auf nichts. Und wenn die Autos nicht vorbeifahren, keine Mulis vorüberziehen, kein Fußgänger zu sehen ist, dann hockt er auch da und schaut. Sieht er oder sieht er nicht? Du weißt es nicht, erfährst es nicht, du kannst nur raten. Ob er liebt oder haßt, getötet hat oder töten will, am Abend davor zuviel getrunken oder Hunger hat oder satt ist. Gleichmütig schaut er in die Ferne, auch wenn er nur die andere Straßenseite sieht. Das ist der östliche Georgier, dem Orient zugewandt, wie Mandelstam geschrieben hat, doch nie mit ihm verschmolzen. Diesen dem Osten, dem Orient zugewandten, die Himmelsrichtungen betrachtenden Georgier, den jeder von ihnen in sich trägt, würden die meisten am liebsten vergessen, am liebsten vernichten und vergessen machen. Also denken sie nicht daran, so wie der am Wegrand hockende Landsmann, der aufsteht, den Staub von den Kleidern klopft, sich nach Westen wendet und fortgeht.

Die Ungeduld ist dem Westen zu eigen, dem Osten die Ohnmacht. »Ihr seid nicht Westen und nicht Osten, nicht Paris und nicht Bagdad!« hat Mandelstam schon 1922 den Georgiern zugerufen. Als wären fünfundsiebzig Jahre seither nicht vergangen, sieht sich das Land derselben alten Frage gegenüber, demselben Zwiespalt, derselben Zerreißprobe, dem Hunger nach einer einzigen Identität. Es gibt nur zersplitterte Antworten, keine einzige. Einer sagt, Asien beginnt erst in Baku, aber Georgien ist dennoch nicht Europa. Einer meint, geographisch gehört unser Land nicht zu Europa, aber politisch. Einer fragt, wo endet denn Europa im Osten wirklich ganz genau? Können Sie mir die Stelle zeigen? Wir leben auf der Grenze zwischen Orient und Okzident, zwischen dem alten Ostblock und dem neuen Westen, zwischen Gestern und Heute. Der alte Ostblock gab uns eine leblose Sicherheit, der neue Westen macht uns unruhig und ziellos. Jeder Georgier scheint für sein Land sprechen zu wollen. Jeder ist das Land und spricht für dieses. Jeder ist sein selbsternannter Präsident, bereit, Verantwortung zu tragen. In Gedanken, Wünschen, Hoffnungen. Doch die Gedanken schweifen ab, in die Ferne nach Osten oder in die Ferne nach Westen.

Einer zitiert aus einem Roman die Worte eines Gymnasiallehrers vor seiner Klasse in Baku: »Die natürlichen Grenzen des europäischen Kontinents werden im Norden vom Polarmeer, im Westen vom Atlantischen Ozean und im Süden vom Mittelmeer gebildet. Die Ostgrenze Europas zieht sich durch das russische Kaiserreich, den Ural entlang, durchschneidet das Kaspische Meer und läuft dann durch Transkaukasien. Während manche Gelehrte das Gebiet südlich des kaukasischen Bergmassivs als zu Asien gehörig betrachten, glauben andere, auch dieses Land als Teil Europas ansehen zu müssen, zumal im Hinblick auf die kulturelle Entwicklung. Es hängt also gewissermaßen von eurem Verhalten ab, meine Kinder, ob unsere Stadt zum fortschrittlichen Europa oder zum rückständigen Asien gehören soll.«

»Es existiert keine klare Antwort auf unseren brennenden Wunsch, zu Europa zu gehören, der sich einmal in bangen Fragen, einmal in barsch vorgetragenen Behauptungen äußert. Es gibt Tage, da gehören wir dazu, und keiner würde widersprechen, wenn wir sagen, wir sind Europäer. Das sind die Tage des Aufbruchs und der Erneuerung. Und es gibt Tage, da wird uns die Erneuerung nur als eine vermeintliche deutlich, der Stillstand breitet sich aus wie ein riesenhaftes, schläfriges Tier, das uns mit einer trägen Pranke in Lähmung versetzt, und der Aufbruch erweist sich als Trugbild. Das sind die Tage, an denen wir zu Asien gehören, Asien sind, und für unsere europäischen Bemühungen, die uns jetzt unwirklich erscheinen, nur ein müdes Lächeln ernten. Doch beide Arten von Tagen sind wahr, die europäischen wie die asiatischen, keine von beiden besitzt den Anspruch einer einzigen absoluten Wahrheit. Mit diesem Zwiespalt müssen wir leben, sollen wir leben müssen.«

Was bedeutet mein Wissen über Land, Menschen und Geschichte noch, wenn ich die Landschaft betrachte, in die Augen eines Menschen von hier blicke? »Nichts« heißt auf georgisch »keine Farbe«. Wenn ich Georgien eine Farbe geben sollte, wäre das hellschwarz. Gibt es hellschwarz? Auf der Skala der Farben sicher nicht. Aber auf der Skala der Empfindungen sehe ich eine ganze Reihe von schwarzen Schattierungen, alle zeigen sie die zwei Seiten einer Geschichte. Europa ist nicht ganz hell und Asien nicht ganz schwarz, so wie Asien nicht ganz hell und Europa nicht ganz schwarz ist.

Fragmente

Aus zum Teil datierten Heften und Notizbüchern

22. 5. 1996 bis 1997

Der Leibwächter

Der Staatschef

Wo endet Europa?

Ein kaukasischer Teppich

Amirani (Prometheus)

Der Kaukasus war für die Alten das Ende der Welt.

Georgien geriet in Vergessenheit (nach 1453), nach 1989, 1992 usw.?

Nichts = keine Farbe (georgisch)

Pasternak »Briefe nach Georgien«

Das Anderssein als Wesen der Geschichte (Malraux)

Reisevorbereitungen, Angstzustände

Restaurant Stuttgart, Tbilissi

Ich fahre nach Georgien, in meinem Kopf.

Mandelstam

Der Ich-Erzähler erzählt vom Er-Erzähler, der Er-Erzähler erzählt vom Ich-Erzähler.

Ein Winter in Georgien

Ausspruch des Japaners: Sofort Sibirien!

Daß nichts funktioniert, keine Erwartung, Hoffnung. Enttäuschung ohne Sentiment

Alles hat keine Zeit.

Das Wort »Tbilissi« zu Kindern sagen. Sie lachen.

Georgien beginnt in Hamburg. Man muß nur die falschen Fragen stellen.

Ohne Antworten

Ich beginne Europa, vor allem als Begriff, zu hassen.

Wie schreibt man eigentlich Tbilissi?

Die munteren Korrespondentenberichte, die mit tragischer Miene und erhobenem Zeigefinger teilnahmslos und desinteressiert ihre »Hintergrundberichte« in die Welt hinausposaunen.

Durchgangsland – Märchenland

Für die Russen Sommerfrische (Schwarzes Meer), für die Ostdeutschen Märchenland

Die alten Zeiten sind angebrochen.

Verirrte Kugeln

Frage an Schmidt-Häuer: Eurasien? Transkaukasus? Europas Ende?

Zeitreise in die eigenen sechziger, fünfziger Jahre

Seit wann weiß ich von der Existenz Georgiens?

Mein unbekannter, unsichtbarer Reisebegleiter: Das hinkende Flüchtlingsmädchen aus Abchasien aus dem Hotel Ivera. Sie fragt mich, ich erzähle ihr. Mein Korrektiv. Das andere »Korrektiv«: Stalin.

Lermontow, Tschechow, Dumas, Simenon, Pasternak

Georgien ist kleiner als Österreich.

Georgien als Terra X, fiktives Land beschreiben, als würde ich es neu erfinden. Das ist Georgien, ist das Georgien?

Noch einmal das erste Buch, alle Formen des Schulaufsatzes

Ein verletzliches, ein verletztes Land, in seiner Konsistenz wie ein verletzlicher, verletzter Mensch

Verletzter Stolz, Ahnung von Größe und Vergeblichkeit. Daraus resultieren die Gefühle der Ohnmacht und des Größenwahns.

Heute beginne ich aufzuschreiben, was ich längst hätte aufschreiben sollen.

Die Deutschen: Alles wollen sie wissen, nur um es dann besser zu wissen.

Um den fremden Blick wiederzugewinnen

Um vom Himmel auf die Erde zu fallen, mich umzuschauen und zu fragen, wo ich bin

Als historische Reise wie aus dem Rückblick der Erinnerung erzählen

Zuerst sagte ich Georgien, jetzt sage ich Kaukasus.

Sie sind leicht glücklich zu machen und leicht zu deprimieren.

Diese düstere Freude am Leben

Der mächtige Stolz und das mächtige Minderwertigkeitsgefühl

Versuch einer Beschreibung des Elends

Der Weg zum Teufel

Das Pulverfaß auf dem Krisenherd

Asien beginnt in Baku, aber Georgien ist dennoch nicht Europa.

Ununterbrochen geht das Licht an und wieder aus, eine Art von Kreislauf, der fast sicherer als die Uhrzeit ist und durch den Tag begleitet, man wartet auf den Stromausfall und man wartet, daß der Strom wieder einsetzt. Am ersten Tag in Tiflis, beim Gang durch die Straßen, im Schneetreiben, dachte ich, die Geschäfte seien geschlossen, weil es so dunkel in den Räumen war. Bis ich, zuerst schemenhaft und wie im Traum, Menschen sah. Menschen, die in fortwährender Dämmerung ihrer Beschäftigung nachgingen oder einfach nur saßen, redeten, rauchten. Ich meinte, daß sie mich ansahen, was nicht stimmte. Und in ihren Augen las ich den stillen Vorwurf und einen lauten Schmerz. Ständig beschleicht einen das Gefühl in dieser Stadt, in der sich Orient und Okzident, der alte Ostblock und der neue Westen schneiden und mischen, daß ihre Bewohner unentwegt sich auf Nahrungssuche befinden. Entweder sie bieten an, oder sie betteln. Ein Bazar ohne Hoffnung.

Alles, für das es ein Wort gibt, ist nicht selbstverständlich.

Flughafen Tiflis: martialischer Empfang. Wie Verurteilte werden die Passagiere in den eiskalten Bus ohne Türen gescheucht. Brüllen, Flutlicht, Finsternis, Flüche, die anderen scheinen zu verstehen. Ich nicht. Es würde mich nicht wundern, wenn ich erschossen würde. Gleich hier, bei der Ankunft. Warum nicht? Der Tod ist ganz nah. Vor allem der sinnlose. Und diese Sinnlosigkeit bekommt etwas Einleuchtendes. Das ist das Erschreckendste.

Neben dem Gerede gibt es auch das Geschweige.

69 700 km^2 (Titel)

Tbilissi – mitten in der Stadt gackern die Hühner und krähen die Hähne.

Artigkeiten, Höflichkeiten, Nettigkeiten

Wenn es eine Steigerung der Traurigkeit von Triest gibt, ist es die Traurigkeit von Tiflis.

Ara (Titel)

Ein Tag und eine Nacht in Tiflis (Titel)

Immer wieder dieselbe Antwort auf dieselbe Frage: Woher ich komme, was ich mache, warum ich hier bin (your mission in Tbilissi). Man beginnt, die Antwort vor lauter Langeweile der eigenen Biographie zuerst ganz leicht, in winzigen Abweichungen zu variieren, bis aus der einen echten Biographie viele kleine falsche entstehen. Man amüsiert sich im Erfinden immer neuer Details, prüft ihre Glaubwürdigkeit bei einem Gesprächspartner, um sie beim nächsten wieder leicht abzuändern, zu erhärten, oder abzuweichen, aufzuweichen.

Die schlechtesten Straßen von allen schlechten Straßen Georgiens befinden sich in Gurien.

Sosso ließ mich sitzen. Als ich zum ersten Mal in seine Kneipe kam, setzte er sich einige Zeit später zu mir an den Tisch und sagte mir, daß er, gleich als ich das Lokal betreten hatte, gefühlt habe, daß ich allein sei. Ich stimmte ihm zu. Er bat mich, am übernächsten Tag wiederzukommen. Brav kam ich am übernächsten Tag um die verabredete Zeit wieder, ich wartete auf ihn, denn er hatte mir versprochen, ein Buch von seinem Onkel zu bringen. Ein Buch über die alten georgischen Könige, für das ich einen deutschen Verleger finden sollte. Ich wartete und wartete, und das aserbaidschanische Mädchen brachte mir einen Kaffee nach dem anderen. Während des langen Wartens fiel mir ein, daß er mir gesagt hatte, daß der Tag, an dem wir uns zum ersten Mal getroffen hatten, sein letzter Arbeitstag in dieser Kneipe war.

Der Osten, der in Wien beginnt, endet in allen seinen Ausuferungen, Verkommenheiten und Extremitäten in Tbilissi. Danach beginnt noch einmal etwas anderes.

Ich habe Stalin immer gehaßt. Bis ich ihm begegnete. An einem heißen Tag in Tiflis im Juli, 40 Jahre nach seinem Tod in Gestalt eines unscheinbaren Mannes, der die Straße hinaufkam. Eine unerklärliche, unnatürliche Angst packte mich, und ich wagte mich nicht mehr aus meinem Hotelzimmer. Ich hatte vorgehabt, in die Stadt zu gehen, zu bummeln, zu flanieren, wie das die Schriftsteller zu tun pflegen, wie man mir gesagt hatte.

Tunnels ohne Beleuchtung, Museen ohne Licht

In Georgien hat man keine Wahl.

Ausspruch des Dolmetschers: »Mit unserer georgischen Natur können wir stolzieren!«

Antwort des Dolmetschers auf meine Frage, ob in den heruntergekommenen und verlassen wirkenden Fabriken, die man im wahrsten Sinne des Wortes als stillgelegt bezeichnen kann, noch jemand arbeite: »Warum denn nicht?«

Beim Kartenspielen sagen die Georgier nicht, ich habe meinen Gegner geschlagen, sondern, ich habe ihn getötet.

Der Grabräuber, dessen Haare vor Schreck weiß wurden, als er einen Scheintoten erblickte, der gerade die Augen aufschlug.

Die alte Frau, die auf der Straße steht und das Ohr ans Fenster hält, um die Worte, die aus dem Fernseher kommen, zu hören.

Lieber sagen sie gleich: »Ara!« – »Nein, das haben wir nicht«, bevor ihnen klar würde, ob sie es tatsächlich nicht haben. Wenn man aber nicht locker läßt, hellt sich ihr Gesicht auf, und mit Freude reichen sie einem das Gewünschte.

Obwohl Georgien näher an Europa ist als z. B. Israel, erscheint es unendlich weiter, ferner und letztendlich fremder.

Alles ist georgisch. Die Fische sind georgisch, die Griechen sind georgisch, Kolchis ist georgisch. Manchen Georgier stimmt es traurig, daß es noch etwas anderes geben könnte als Georgien.

Das Sicherheitsministerium am Hafen. Die Miliz und die Beamten in Zivil, in weißen Hemden und mit Sonnenbrille, die nicht wissen, ob es besser wäre, sich zu erkennen zu geben oder unentdeckt zu bleiben.

In Tiflis hielt man mich für einen Russen, in Batumi für einen Türken.

Indian (Wien), Induk (Moskau), Induri (Tbilissi)

Das Leben basiert auf dauernden nicht eingehaltenen Versprechungen, an die sie im Moment des Versprechens glauben. Tun wir das nicht auch die ganze Zeit?

Besuch bei Schota Boridse, einem hohen Beamten im Mitarbeiterstab von Aslam Abaschidse, dem Präsidenten von Adscharien. Ein Mann, der gewohnt ist, Befehle zu erteilen, was ein Anruf während unserer Unterhaltung zeigt, aber auch Befehle entgegenzunehmen, was ein zweiter Anruf deutlich macht. Die ideale Voraussetzung für die höheren Posten. Treten und getreten werden können. In beiden Spielarten höchste Perfektion. Er sagt, Adscharien sei eine friedliche Insel inmitten des von Kriegen geschüttelten übrigen Georgien. Ich frage, warum man dann an jeder Ecke Polizei und paramilitärische Schutztruppen sieht, die auch das Gebäude der Sicherheit alle drei Meter in weitem Umkreis bewachen, so daß die gesamte Hafenpromenade von bewaffneten Sicherheitskräften beherrscht wird und alle Spaziergänger nur unter ihrer Aufsicht Sonnenuntergänge und ein- und auslaufende Schiffe betrachten können. Er antwortet nicht.

Batumi befindet sich im Umbruch. Oder Abbruch. Überall wird ab- und aufgerissen. Baustellen und Baulärm bestimmen das Stadtbild. Ein freundlicher Beamter der Prokuratur sagt, wenn ich in zwei Jahren wiederkäme, würde ich die Stadt nicht wiedererkennen. Ich sage ihm nicht, daß ich das nicht hoffe.

Auf fast jede Frage wird mit Nein geantwortet. Besser man fragt nicht.

Wenn man berühmte Eltern hat, muß man sie mit der halben Welt teilen. Ja, es gibt sogar Leute, die urplötzlich aus dem Nichts auftauchen, um zu behaupten, sie würden die Eltern oder den Vater oder die Mutter mehr als man selbst lieben. Konkurrenten, Nebenbuhler. Das ist auf die Dauer für jede Liebe das reine Gift.

Der Mensch besitzt einen ausgeprägten Panikmechanismus, aber keinen Beruhigungsmechanismus.

Gerissene Kinder

Bye bye Batumi

Die Kleidung der Menschen adrett, modisch, die Wohnungen sauber, geputzt, manchmal direkt spießig, betritt man hingegen die Toilette, hat man das Gefühl, man steht – denn sitzen kann man sowieso nicht – in einer Jauchegrube.

Die sanitären Verhältnisse sind im wahrsten Sinne des Wortes atemberaubend.

Der fremde Gast. Mit Hochherzigkeit empfangen, kann er seine eigene Fremdheit nicht abschütteln. Inmitten von Fremden und Fremdem wird er sich selbst fremd.

Der schönste und blühendste Park von ganz Tiflis befindet sich zwischen Regierungspalast und Sicherheitsministerium. Er ist nicht öffentlich zugänglich wie die anderen verstaubten, vertrockneten und verdreckten öffentlichen Gärten von Tbilissi. Mit einer lässig brutalen Handbewegung eines wachhabenden Soldaten im Kampfanzug vor den Gittern des Parks werde ich auf die andere Straßenseite gescheucht. Nach ein paar Schritten auf der anderen Straßenseite denke ich mir »Du kannst mich mal« und überquere die Straße wieder, was er nicht sieht, da er mir im Augenblick seinen Rücken zuwendet. Mit einer gewissen Angst vor der eigenen Courage erreiche ich die nächste Querstraße und biege um die Ecke. Jetzt bin ich außer Sichtweite. Zumindest für diesen Soldaten. Ich habe wieder Zeit, einige Blicke in den Park der Sicherheit zu werfen. Wenn alle öffentlichen Parks und Grünanlagen von Tiflis verstaubt und verschmutzt sind, unbegehbar und nicht mehr begrünbar, kein Tropfen Wasser aus den Springbrunnen kommt, im Park der Sicherheit wird das Wasser weiter aus hundert Fontänen fließen, die weißen Bänke werden unter den Palmen leuchten, die exotischen Blumen unter dem Blick der vielen unsichtbaren Augen schimmern. Und kein Mensch wird darin zu sehen sein. Ich erreiche das Tor des Sicherheitsministeriums. Überall stehen die Männer in Gruppen herum. Ein aufgeblasener Sicherheitsgeneral tritt aus dem Tor und grüßt in Sonntagslaune jovial seine Untergebenen. Devotes Lachen ertönt aus der Runde. Einer mit Bärtchen aus der internationalen Einheit der Speichellecker und wahrscheinlich ein begabter Verhörspezialist ahmt quiekend wie eine Comicfigur Kampf- und Kriegsgeräusche nach, was den General amüsiert grinsen läßt. Dann eilt er lachend und grüßend zu seinem schwarzen Dienstwagen und verschwindet in der gleißenden Sonne. Man sollte sich wirklich keine Illusionen machen. In Georgien herrscht keine Demokratie. Wer auch immer es einem weiszumachen versucht, man sollte sich von allen beredten Überzeugungskünsten nicht täuschen lassen. Der Zustand des Landes, der Demokratie genannt wird, besteht in einer Art staatlicher Lotterie, auch Wahlen genannt. Damit beschäftigt man das Volk. Denn das Volk braucht bekanntlich Spiele. Und nicht nur das georgische. Und eines der für alle Seiten befriedigendsten heißt demokratische Wahlen. Woher bezieht Eduard Schewardnadse eigentlich seine internationale Reputation? Gewiß nicht aus seiner Eigenschaft als georgischer Staatspräsident. Vielmehr als Außenminister der, wie viele, viele Leute nicht müde werden zu behaupten, untergegangenen Sowjetunion. Und vielleicht sollte man die nicht nur in meinen Augen etwas skurrile Begeisterung des Westens einer genaueren Prüfung unterziehen. Bis dahin sollte Herr Kinkel den goldenen Mercedes für den georgischen Staatspräsidenten in der Garage lassen und lieber seinem Kollegen vom Innenministerium, das ja bekanntlich für die Sicherheit zuständig ist, den Vortritt in Tiflis lassen. Denn in Sachen Sicherheit, innerer wie äußerer, können die Deutschen noch viel von Georgien lernen. Alle paar hundert Meter wacht auf den von Schlaglöchern durchsetzten Straßen eine Streife der Straßenpolizei, die die Autos nach Belieben anhält. Eine Art uniformierte und staatlich sanktionierte Wegelagerei. Sie halten die Wagen an, wenn sie langsam fahren, wenn sie normal fahren, wenn sie schnell fahren. Wichtig ist allein das Geld, das sie kassieren.

Das sogenannte Tamada ist eine Form von höflicher Nötigung.

Nach meinen Beobachtungen steht das Land unter russischer Kontrolle. Nahe der türkischen Grenze halten russische Truppen Manöver ab. Die georgisch-türkische Grenze wird von Georgiern bedient, aber im Niemandsland von Russen bewacht.

Das helle, giftige Grün des verrotteten Systems. Man sieht es auf Schildern, an Häuserwänden, die Blusen und Hemden der spielenden Kinder sind mit der grünen Farbe der Hoffnungslosigkeit gefärbt.

Die georgischen Nationalisten, die »Georgien, Georgien über alles« singen und danach »Deutschland, Deutschland über alles«.

Die merkwürdige Liebe der Georgier zu den Deutschen. Zu ihren hehren Klassikern Goethe, Schiller, Heine. Keine Rede von Büchner, Kleist, Hölderlin.

So wie es in Georgien heute aussieht, sah es wahrscheinlich in unseren Landstrichen vor hundert Jahren aus. Und ich beginne, die spießige Sucht unserer ärmeren Landstriche zu verstehen, nichts mehr an die Vergangenheit erinnern zu lassen.

Erheiternd und trostlos

Mit der Zeit entwickelt man Überlebensstrategien. Wann kann ich das nächste Mal duschen, die Hände, die Füße waschen? Wann und mit welcher Beleuchtung werde ich lesen, schreiben? Wird das Licht funktionieren, das Wasser fließen? Wird das Fax nach Deutschland sein Ziel erreichen? Wird die telefonische Verbindung ins Ausland hergestellt werden? Und man ißt und trinkt nicht mehr, was einem zur Tageszeit genehm erscheint, sondern das, was gerade kommt.

Bei meiner ersten Reise nach Georgien rechnete ich mit Georgien, nicht mit mir selbst, dem schlimmsten Hindernis.

Die Kühe und Schweine auf den Straßen in den Dörfern, in den Städten. In Batumi hat Herr Abaschidse eigens eine andere Grassorte importieren und pflanzen lassen, um sie fernzuhalten.

Warum Georgien? Warum die Welt? Ich hätte genausogut nach Usbekistan oder Kirgisien reisen können, statt Tiflis hätte mich auch Samarkand gereizt. Es ist aber Georgien geworden. Es gibt keinen anderen Grund.

Wenn sich Georgien weiter verkleinert, wird ein Nationalgebilde Georgien bald der Lächerlichkeit preisgegeben sein.

Der Vater meines Freundes Hansi Oswald war Zementlastwagenfahrer. Zweimal in der Woche fuhr er nach Kiefersfelden. Mein Vater war zwar auch oft auf Reisen. Aber nie in Kiefersfelden.

Mir fällt auf, daß es in Georgien kaum Menschen mit Brille gibt. Ich befrage meinen neunzehnjährigen Dolmetscher dazu. Er gibt zur Antwort, daß die Georgier laut Statistik zu den am wenigsten sehschwachen Völkern der Welt zählen. Eine Antwort wie aus dem sowjetischen Propagandaministerium. Viele Georgier schämen sich. Später erfahre ich, daß Brillen in Georgien einfach zu teuer sind.

Die Frage der Georgierin: Wäre es nicht besser für Georgien gewesen, die Deutschen unter Hitler hätten das Land besetzt und wären nicht vor dem Kaukasus gestoppt worden? Der Faschismus erscheint ihnen als geringeres Übel.

Der Zoo von Tbilissi. Die Geschichte des Hirsches, dem während des Bürgerkriegs ein Bein abgeschnitten wurde, um gegessen zu werden.

Die Lieblingslektüre der kleinen, deutschbesessenen Georgierin aus Aspindsa: ›Kleiner Mann, was nun?‹

Die georgische Männergesellschaft trägt zutiefst weibliche Züge. Eigentlich eine Gesellschaft von Frauen. Eifersüchteleien, Ränke, Neid.

Aslan Abaschidse, der Angst hat, daß man ihn in Tbilissi umbringt. Altkommunist und kleiner Diktator. Man flüstert ihm seine Paranoia ein.

Über die Scham und die Schande

Otari: Die häßlichen Hochhäuser wie in einem Spiel (Moskauer Busfahrten) wegnehmen und auf den leeren Plätzen die Geschichte entdecken.

Die Georgier laufen verkleidet herum, mit einer anderen Geschichte im Kopf, als ihre Kleider erzählen.

Otari sagt, die Leute erzählen, Tiflis sei früher eine elegante, lebenslustige Metropole gewesen. Er glaube das nicht. Wenn die Stadt so wie heute sei, müsse sie immer so gewesen sein.
Er sagt, die Georgier seien zwar gastfreundlich, aber im Grunde mögen sie die Fremden nicht.

Die Georgier haben einen Traum von Deutschland, den sie sich nicht ausreden lassen. Daß die Wirklichkeit anders aussieht als in ihrem Traum, ist ihnen egal.

Die georgische Tafel ist ein freudloses, kommunikationsloses Ritual. Eine archaische, ernste Männermesse, in der unter den starren Konventionen das Unausgesprochene brodelt und zischt.

Die Georgier umgarnen einen, verführen einen. Der Tod ist ihr Freund. Der Verrat kein Verbrechen.

Abchasien, der vergessene Konflikt, der für alle Mißstände in Georgien verantwortlich gemacht wird.

350 000 Flüchtlinge aus Abchasien im ganzen Land. Alle Hotels sind voller Flüchtlinge. Aussage eines Georgiers: »Solche Georgier (Bettler, Schwarzmarkthändler) brauchen wir nicht.«

Besuch im Nationalmuseum Tiflis. Die Funde aus der Steinzeit scheinen besser erhalten als die Vitrinen, in denen sie liegen. Die Führerin zeigt auf die Vitrinen. »Sehr gut. Georgisch. Sehr schön. Accessoiri. Georgisch. Verscheiden, viel verscheiden. Georgisch.«

Ihre düsteren, manchmal furchteinflößenden Gesichter hellen sich auf, wenn man etwas fragt, und werden von Freude und Freundlichkeit bestrahlt, die mir fremd geworden sind.

Die Deutschen könnten von den Georgiern die Gebote der Höflichkeit lernen.

Der georgische Nationalismus verursacht mir Magenschmerzen.

Der Kaukasus, unberührt wie bei uns die Berge vor hundert Jahren. Ein beeindruckendes, erschreckendes Gebirge. Ein politisches Gebirge. Hier endet eine Welt.

Prometheus und Medea traf ich hier.

Entweder sie fragen einen nach einer Zigarette, nach Feuer oder nach der Uhrzeit.

Was ist die Zivilisation eigentlich? Diese Frage stelle ich mir hier fast täglich. Ist Zivilisation nicht einfach im geistigen wie im körperlichen Sinn die größte Bequemlichkeit: Ich fühle mich wie eine domestizierte Katze. Die Georgier sind größtenteils noch Wildkatzen.

Ein Nachkriegsland in einer Nachkriegszeit

»Maroshni« preisen auf russisch die Eisverkäufer »American Ice-Cream« an.

Abstoßende Schönheit

Besuch bei einem Maler. Er zeigt uns seine bildhübsche Frau, seine bildhübsche Tochter und seine bildhübschen Bilder. Mit großer, herzzerreißender Bescheidenheit redet er ununterbrochen von sich und seinen Bildern. Der Wein, den er uns einschenkt, ist zu süß.

Die Georgier sind die größten deutschen Nationalisten.

Jeder Bauer in Georgien hat Bücher, die er liest und liebt und auswendig kann. Die Georgier lieben Gedichte. Ich kann mich nicht erinnern, bei einem deutschen oder österreichischen Bauern prall gefüllte Bücherregale gesehen zu haben, mit Werken der Weltliteratur.

Ich reise in selbst erteiltem Auftrag.

Man kann sich auf nichts verlassen. Alles geschieht in letzter Sekunde.

Man wird betrogen und belogen und – geliebt.

Semmeli (Semmelplatz)

Unsere sogenannte höhere Entwicklungsstufe ist in Wahrheit eine tiefe Entwicklungsstufe, wir sind dem Untergang viel näher als die Völker, die wie vor 200 Jahren leben.

Ein Land als Handlung – keine Figuren

In Georgien schauen einen die Menschen an, in Deutschland schauen sie nicht – oder weg.

Ich wüßte nicht, wo ich fremder bin, hier oder dort.

Deutschland – das neue System für Georgien?

Sie sagen jedem, daß er ihr bester Freund ist, sie meinen es.

Vielleicht ist das Nationalgefühl der Georgier deshalb so hoch entwickelt und so verletzlich, weil sie insgeheim wissen, daß ihr Land immer das Durchgangsland bleiben, nie das Ziel sein wird. Und ihr Fatalismus rührt daher, daß sie wissen, daß ihre Probleme nie gelöst sein werden. Es sei denn, man würde sie vergessen.

Der Löwe von Adscharien

Das Photographieren. Das Photo ist der zweite Blick.

Plötzlich mußte ich mir selbst Deutschland erklären. Mir selbst Österreich erklären. Mir selbst den deutschsprachigen Raum erklären. Vor den Georgiern, die nichts davon wissen wollten, daß es Österreich gibt, eine Schweiz geben soll. Die immer nur von Deutschland hören wollten. Immer nur von Deutschland. Da wurde ich müde.

Grandios bedrückend

Aufbruch und Resignation. Naivität und Gerissenheit. Lebenslust und Hoffnungslosigkeit.

Kirchen und Klöster

Der georgisch-orthodoxe KGB

Marlborosteinzeit

Anarchie mit Diktatur

Das Lachen bei der Erwähnung »Mamati«

Sakartwelo

Nationalfeiertag

Der Lyriker in Georgien

Die Lenindenkmäler wurden geschleift, aber es gibt einen Wodka »Stalin« mit seinem Portrait auf dem Etikett.

Die Weinkultur, die Steinkrüge in der Erde, der Weinkeller mit Lehmboden und Lehmwänden

Die Tristesse des Sowjetsystems und der sichtbare, schleichende Verfall der einstigen Prunkbauten und die orientalische, südliche Lebensfreude plus asiatischem Fatalismus, bodenloser Gleichgültigkeit.

Die absurde Situation mit Fahrer und Dolmetscher, beides Fremde, die einem das Land (nicht) erklären.

Die tödliche Gastfreundschaft

Die Zeitungsstände mit den unzähligen Zeitungen, vor denen die Menschen stehen und einfach die Zeitung nehmen und lesen, dann wieder hinlegen. In den Zeitungen steht nichts. Die Presse ist mehr oder minder gleichgeschaltet. Außer den offiziellen Verlautbarungen der Regierung erfahren die Journalisten nichts und forschen auch nicht danach. Oder dürfen nicht danach forschen.

Man entwickelt Überlebensstrategien, schaltet einen Teil des Gehirns, wo die Ängste liegen, aus.

Der Hang zum Ritual, Gefälligen, Dekorativen

Verkaufen, um zu überleben, nicht um ein Geschäft zu machen

Die antrainierte Tüchtigkeit der Deutschen

Im Herzen von Tbilissi wachsen Andropows Ohren aus dem Boden.

Wenn die Energie das Land verläßt, verlöschen die Lichter, und in der Finsternis brennen die Autoreifen.

Die Zurschaustellung der Homosexualität existiert in Georgien nicht.

Erste Nacht in Tbilissi. Einbruch nebenan.

Teeplantagen (zum ersten Mal im Leben gesehen)

Die beiden russischen Kinder in Batumi im Meer

Leben oder ähnliches

Die Georgier werden ernst, wenn sie das Wort Deutschland hören, sie grinsen, wenn sie das Wort Österreich hören.

Die Georgier bilden keine großen Kolonien in anderen Ländern. Es gibt zu wenige. Sie haben zu großes Heimweh und kehren bald wieder zurück.

Wenn sie zu Europa gehören, sind sie die letzten Europäer – und die ersten.

Solange der Eiserne Vorhang, der Ostblock existierte, konnten wir all diese Völker wie Tiere im Zoo betrachten, mit leisem Schaudern. Jetzt sind sie frei.

Auf den Weg bringen

Hilflose Hoffnung

Falsifiziertes Cola, falsifiziertes Mineralwasser, falsifizierte Schokolade usw., ich weiß nicht mehr, was ich essen soll.

Trümmer und Stillstand

Stillgelegt und stehengelassen

Gamschachurdia, Vater und Sohn

Über die Freiheit und die alte Bescheidenheit

Dauernd ging mir auf meiner Reise der Satz von Travnicek/Qualtinger wie ein Ohrwurm durch den Kopf: »Wann mi des Reisebüro ned vermittelt hät!«

Alle anderen von der Sowjetunion beherrschten und unterdrückten Länder sind nach ihrem Zusammenbruch neu geboren worden. Wir begannen – und beginnen immer noch – diese Länder erst wahrzunehmen. Wahrzunehmen, daß es sie überhaupt gibt. Im Gegensatz zur DDR. Sie ist mit der Sowjetunion – nicht mit Rußland – gestorben. Das ist das Ossiproblem, das es von allen anderen ehemaligen Ostblockstaaten unterscheidet.

1996 und 1997

Kein Türke auf georgischem Boden

Die Vorstellung der Folter

Die schicke Lust am Untergang, wenn man nach Venedig fährt, die gepflegte Sehnsucht. Georgien ist weder schick noch gepflegt, sondern ausgesprochen ungepflegt.

Ich brach nach Georgien auf mit meinem angesammelten Halbwissen, das mich an meinen halb aufgeräumten Schreibtisch erinnerte.

Während meines Aufenthalts wurden mir zwei Panzer, drei Gewehre und eine Pistole zum Kauf angeboten. Beim dritten Gewehr zum Preis von umgerechnet 75 DM war ich nahe daran, es in meinen Besitz zu bekommen, ließ es aber aus angestammter Ängstlichkeit und anerzogener Vernunft.

Der erste frei gewählte Präsident Georgiens war der Sohn eines Dichters und entpuppte sich als Diktator.

Geheimnisse und halbe Wahrheiten – Unterhaltungen mit Georgiern

Der Terror der Sanftmut – georgische Frauen

Kreuzfeuer – Zwischen den Grenzen

Georgier tauchen auf, umarmen einen und sind wieder verschwunden.

Vielleicht bin ich nur nach Georgien gefahren aus einer Sehnsucht nach Krieg, einer Lust darauf.

Die Sprache der neuen Technologien benutzt die Vokabeln der Kriegsführung: Aufrüsten, Umrüsten

Ich habe in Georgien nicht die Wahrheit erfahren, aber die Wahrhaftigkeit.

Die Scham und der Stolz von hier zu sein und zu kommen

Lestabe

Stalberi

Tante Industrialisatia

Wohin man tritt, tritt man auf Geschichte.

Über die Schwierigkeit, einen Anfang und ein Ende zu finden

Die Grenze findet in Georgien ihren stärksten Ausdruck.

IRDEN

Unsere kampfbereite, tötungsbereite Gesellschaft, die noch nichts davon weiß.

Der Freiheitskampf gegen die Araber ist eine Wurzel der Abneigung gegen das Orientalische. Tbilissi war einst arabisches Emirat.

Abriß über David, den Erbauer

Mit dem Ende von Byzanz wurde Georgien wirtschaftlich und kulturell von Europa isoliert. Der über Georgien führende Handelsweg zwischen West und Ost hörte auf zu existieren, dem Land war die Grundlage für eine wirtschaftliche Erholung entzogen.

Der immer wiederkehrende Zerfall Georgiens reicht bis in die Gegenwart. Das Land zerfiel immer wieder von neuem in verschiedene kleinere Herrschaftsgebiete.

1997

Hotel Telawi

Unter Schnee und Eis die Schlangen

Überall Stalin

Die alten Leichen, die sie im abgerissenen KGB-Gebäude fanden, das ein Hotel werden soll. Leichen aus der Zeit der großen Säuberung 1938.

Kein Strom, keine Energie, keine Elektrizität, kein elektrisches Licht usw., in der Nacht zähle ich die Begriffe auf, um endlich einzuschlafen.

Der verlegene Polizist in voller Montur und Positur in der Schneewüste

Die Gestalten, die man sieht, das Elend, das Betteln, die Würde und den Stolz selbst bei größtem Elend. Das Herumstehen zwischen den Feuern. Immer das Herumstehen, nie Herumlungern. Die, die mehr haben, sind oft penetrante Angeber.

Die ältere Frau, die einen ganz anderen Weg zu gehen hat und mich durch die halbe Stadt führt auf der Suche nach einem offenen Geschäft.

Keine Kreuzungen, Ampeln, für uns nachvollziehbare Verkehrsregeln, die riesigen, mit Regenwasser gefüllten Schlaglöcher auf den Straßen, bei denen man ein Künstler sein muß, um sie zu bewältigen. Eigentlich bräuchte man Panzer dafür.

»Gamardschobat« für »Guten Tag«; noch bin ich zu unsicher, es auszusprechen, aus Angst, versehentlich »Gamschachurdia« zu sagen, den Namen des gestürzten, geflohenen und getöteten Ex-Präsidenten.

Der riesige Bazar, mit den Löchern in den Mauern der gegenüberliegenden Häuser, die wie übergroße Einschußlöcher aussehen, man vermutet nichts dahinter, doch drinnen sitzt je ein Mensch, bereit, Dollar und DM gegen Lari zu wechseln.

Der Markt, der dort, wo er nicht überdacht ist, im Schlamm versinkt. Es ist kein uns vertrauter Schlamm mehr, sondern eine Art Urschlamm.

Mein Begleiter rät – oder besser befiehlt mir, die Scheine, die ich brauche, lose in die Hosentasche zu stecken, das Portemonnaie in die innere Brusttasche.

Das Klavierspiel aus dem Nebenhaus, sonst ein bemühtes Klischee, erschien hier im lichtlosen Tiflis als einziger Zugang zu einer lichten Welt. Ich preßte mein Ohr und mein Herz an die Wand und horchte, furchtsam, die Unbekannte könnte plötzlich aufhören mit ihrem dilettantischen, langweiligen Spiel. Enttäuscht, wenn sie es tat, voll erwartungsvoller Neugier, wenn sie zurückkehrte und ich die ersten falschen Töne hörte.

Die Rechenschieber auf den Verkaufstheken

Sie beneiden uns um unsere armseligen Vergnügungen.

Die Emmentaler im Kaukasus. Schweiz-Rußland (Ausstellung) 1990/91. Dokumente der schweizerischen Außenpolitik. »Die Nichtanerkennung Georgiens durch die Schweiz.«

Niko Nikoladse, Bürgermeister von Poti, hat in der Schweiz studiert, hat seine Töchter und Frauen in die Schweiz (Genf) zum Studieren geschickt.

Saakadse (Giorgi), Denkmal unter Schewardnadse errichtet.

17. Jahrhundert. Der große Morawi lebte in Persien, war General in Persien, wurde geschickt, um Georgien zu erobern, wechselte auf georgische Seite. Zu dieser Zeit wurden Georgier aus Südgeorgien ausgesiedelt. Die Siedlungen existieren heute noch.

Stalin gab den Auftrag, einen Film über Saakadse zu drehen, weil er sich ihm verwandt fühlte, eine Art Revolutionär. Saakadse wollte Zentralmacht, hat das außerhalb Georgiens versucht, wie Stalin selbst. Ging ins Osmanische Reich, wurde zunächst freundlich empfangen, aber dann geköpft.

Kein Sinn für Traditionen der Deutschen

Abchasisches Dorf, von Deutschen besetzt (das einzige): »Einödbach«

Im Winter keine Schule

Ich werde nie wieder Fragen stellen. Ich werde nie wieder mit Schülern in Kontakt kommen, die Ausländer nicht mögen.

Aus dem Deutschen ins Georgische und dann ins Englische

»Wir müssen Optimisten sein.« (14jähriges Mädchen)

Sie wollen nichts mehr über Georgien erzählen.

Man wacht auf und weiß nicht, wo man ist. Es könnte die Toskana sein, nein, Umbrien, auch nicht ganz, am ehesten Süditalien, dort, wo es am kaputtesten ist.
Das ist Georgien. Vielleicht.

Primitiv und verkommen, schlicht und schön.

Georgien oder Sakartwelo oder Iveria oder ...

1996 und 1997

Versuch anzukommen

Kutaissi macht im Gegensatz zum übrigen Georgien einen unerwartet merkwürdig braven Eindruck. Es vermittelt bei aller Baufälligkeit und Hinfälligkeit eine fast kleinstädtische Solidität. Das Bemühen um Verbesserung und Verschönerung ist unübersehbar, auch wenn es nur sehr begrenzt fruchtet.

Geld ist keine Motivation. Geld ist immer nur der nächste Eingang.

Die Deutschen in Georgien. Die Autos aus Offenbach, Hanau, Nürnberg, Hamburg, Karlsruhe.

Immer wieder betrachte ich die Landkarte. Die an Georgien grenzenden Länder und die Länder, die in Georgien an Georgien grenzen.

Ein erfundenes Land – Georgien

Dem Land begegnen – nicht das Land bereisen

Die Bushaltestellen in Altona mit den Abfalleimern schildern, so daß sich jeder vorstellt, das sei Georgien – es ist aber Hamburg.

Endzeit Georgien

Gibt es einen georgischen Geheimdienst? Ich habe Angst, von ihm umgebracht zu werden.

Die Wirtschaft bestimmt, ob, wann, wie und wo es Krieg geben soll.

Freiheit

Adscharien Sunniten

Trauern werden

Ordnung Wohnen

Der Blick des Drecks

Die Vorzüge der georgischen Unterhose

Blick durch das Fernglas meines Vaters auf den Kaukasus

Der deutsche Banker: »Schreiben Sie doch mal, was die Leute da unten eigentlich denken! Das interessiert uns!« (drohend)

Wenn der Westen mit seinen Rucksäckchen und Laptöpchen allmählich verschwindet und man ins Tiefparterre des Frankfurter Flughafens kommt, beginnt die Ahnung von Georgien, die sich während des Fluges über das Schwarze Meer und den Kaukasus zur Gewißheit der anderen Welt verdichtet.

Der Georgienheimkehrer

Das Ich im Weg

Vieles bleibt unerwähnt, vielleicht, weil ich es nicht sah, vielleicht, weil ich es sah.

Die einzige Verhütung in Georgien ist die Abtreibung.

Der Mond der Realität

Ich wollte mich in die Geschichte begeben, von den Rändern her.

Georgien, Randlage

Die schlechten und die guten (schlechtesten und besten) Eigenschaften, die geweckt werden, wenn man an seine Grenzen geht.

Identität und Frieden findet Georgien (nur) in seinen Gesängen.

Die Musik von heute in Georgien: Beatles, Pink Floyd, Deep Purple.

Sie ziehen einen über den Tisch.

Er wollte auf die Gastfreundschaft, die Liebenswürdigkeit nicht mehr hereinfallen. Er wollte sie von vornherein ablehnen, sich ihrem Zwang, diesem Terror der Liebenswürdigkeit nicht mehr ausliefern. Er wollte abwarten, wie sie dann reagieren würden, ob sich hinter der vermeintlichen Maske etwas anderes, womöglich das naheliegende Gegenteil von Gastfreundschaft und Liebenswürdigkeit verbarg.

Er konnte das Geschwätz der Deutschen und Österreicher von der Gastfreundschaft der Georgier und den sich biegenden Tafeln, die ihm schon Vorgriff auf zukünftige Werbeprospekte des Fremdenverkehrs schienen, nicht mehr ertragen.

Auf den letzten Blick

(Keine) Brillen und (schlechte) Zähne

»Damals konnten viele Wahrheit und Lüge nicht mehr unterscheiden und waren völlig verwirrt.« (Anna Lavina Bucharina über die Jahre des großen Terrors)

»Ach, du ahnst es nicht!« ruft der Deutsche aus, als er die georgischen Straßen sieht.

So wie man in Wien die Leute von New York sprechen hört, wie sich mancher in Hamburg oder Bremen nach London sehnt, oder die Düsseldorfer von Paris träumen, so hört man in Tbilissi von Saarbrücken schwärmen. Saarbrücken ist für die meisten ein ferner Traum, einige wenige waren schon dort, haben das Ziel ihrer Wünsche erreicht und sprechen nun nach ihrer Rückkehr mit schwärmerischen Augen und warmer Stimme von Saarbrücken. Saarbrücken erhält nun auch in meinen Ohren einen anderen Klang, feinere Nuancen, eine Aura, die man nicht für möglich gehalten hätte, umgibt auf einmal diese Stadt am Rand der Bundesrepublik, aus der so mancher kommt und in die keiner fährt. In Tbilissi bekam ich eine unerklärliche Sehnsucht nach Saarbrücken.

Erlebnis mit den drei Männern auf dem Weg in den Kaukasus, als der Chauffeur auf der Straße unten wartete.

Die komfortabel klingende Konstellation »Mit Dolmetscher und Chauffeur« kann auch eine Hölle sein. Das mißmutige Schweigen, wenn es ihnen nicht paßt, was ich vorschlage, oder soll ich besser sagen, anordne?

Die alten Frauen und Männer, denen es vor nicht allzu langer Zeit gut gegangen ist, das sieht man ihnen noch an, sie stehen in ihren einstmals besten Kleidern auf der Straße und betteln. Manche von ihnen sind verwirrt, verrückt, haben ihren Stolz verloren, ihre bettelnden Hände zittern so stark, daß die wenigen Münzen auf die Erde fallen. Eine finstere Sehnsucht hat mich nach Georgien getrieben.

Man sollte sich keinen Illusionen hingeben. Es gibt nicht wenige Georgier, mit denen man nichts zu tun haben möchte.

Ich will erzählen – ich will aufhören zu erzählen.

In Georgien werde ich endlich nicht mehr auf meine Eltern, auf Ilse Aichinger und Günter Eich angesprochen werden. Dachte ich. Doch schon beim ersten Anruf bei der georgischen Botschaft in Bonn zur Erteilung des Visums fragte mich die freundliche Dame, nachdem ich meinen kurzen Namen genannt und buchstabiert hatte, mit schelmischem Unterton: »Aber nicht Günter?« Gequält lachend verneinte ich und verabschiedete mich rasch.

Man sagt nicht, daß man arm ist. Man sagt, man hat kein Geld. Klingt viel besser.

Deutsche und Österreicher vor dem Ersten Weltkrieg in Tiflis. Österreichische Architekten.

»Die Georgier müssen lernen, ihre Probleme nicht allein mit der Kalaschnikow zu lösen!« höre ich aus dem Munde eines deutschen Beamten. Auf meinen Vorschlag, Crashkurse in Mobbing, dann lernen sie rasch, wie man Probleme in Deutschland löst, schweigt er.

Manchmal wünschte ich, sie wären weniger europäisch. Manchmal wünschte ich, sie wären weniger asiatisch.

»Seine ganze Vergangenheit war wund, sie eiterte bei jeder Berührung.« (Koestler, ›Sonnenfinsternis‹)

Georgien ist der finsterste Winkel der Welt. In Georgien herrscht Sonnenfinsternis.

Es gibt mittlerweile wohlhabende, weltoffene, liberale Bürger in Deutschland, die Georgier und Georgierinnen wie putzige Haustiere halten.

Was haben Sie für Sicherheiten? Nur Unsicherheiten.

Urheber, Anstifter, Helfershelfer

Unsere Tage und Nächte sind dieselben, nur unter anderen Vorzeichen.

War ich in Georgien?

Als Bucharin von Ordschonikidses Tod erfuhr, weinte er Blut.

Der Photograph erzählt von seiner Angst beim Photographieren.

Die sinnlose Österreichdiskussion in Georgien

Menschenleer und gottverlassen, Berge, die nie ein Mensch betreten hat.

In Georgien lernte ich, Kirchen zu betrachten, den Anblick von Kirchen zu verstehen. In leeren Gegenden auf einer Anhöhe, einem Gipfel eine Kirche.

Menschenleer heißt nicht, daß niemals ein Mensch da war. Im Gegenteil.

Die Distanz, Fremde, Ferne, schafft die Nähe zu sich selbst.

Die Wiedervereinigung Deutschlands wird vielleicht einmal als einer der größten Fehler der Geschichte der Neuzeit erkannt werden.

Georgien 1997 sieht aus wie Deutschland 1945, der Unterschied ist nur, daß keiner so rechte Lust hat, das Land wiederaufzubauen, und auch wenige Sinn darin sehen.

Gorbatschow – Nordkaukasus, Schewardnadse – Südkaukasus.

Aus einem Buch über Georgien wird ein Buch gegen Deutschland.

Ausspruch Giorgi: »Zitat Erhard: ›Die Werbung ist die Seele der Wirtschaft‹.« Das ist die neue Ideologie.

Ich habe keine Angst, nach Georgien zu fahren, aber ich habe Angst, nach Ostdeutschland zu fahren.

Die ungeschriebenen Gesetze sind allesamt gebrochen worden, das macht den Frieden unmöglich, weil alles Vertrauen gebrochen worden ist.

Barriere und Sprache

Under construction

Poti – Phasis

A typical georgian experience: nothing happened.

Landenge

Das, was ich erlebt habe, nicht irgendwelche »Informationen«.

Abenteuer und Lüge, Abenteurer und Lügner

Sakartwela oder Ssakartwelo oder Tbilisi oder Tbilissi oder Kutaisi oder Kutaissi

Auch wenn etwas geht, das Grundgefühl, daß nichts geht, bleibt.

Flucht aus Georgien

Über das Sehen eines Films in Tbilissi und in Hamburg (Die Sonne, die uns täuschte)

War Brecht jemals in Georgien? Jetzt, wo er hundert wird, muß ich ja förmlich schreiben, daß er dort war. Und er war es auch sicher, wenn ich es auch nicht sicher weiß. Doch, ich kann ihn mir schon gut vorstellen, den Bertolt aus Augsburg in Tiflis zu einer anderen Zeit, als kaukasischen Kreidezeichner.

Das Phänomen Georgien ist ja gerade die vermeintliche Nähe, die sich erst auf den zweiten Blick als Fremde herausstellt, die wieder zur Nähe wird (werden kann).

Ich habe so viele Antworten auf nicht gestellte Fragen bekommen und fast keine auf tatsächlich gestellte.

Sakartwelo, Grusinien, Georgien

Antiquare Ohren

Im Herzen von Tbilisi wachsen Antiquare Ohren aus dem Boden.

Energie

Wenn die Energie das Land verläßt, verlöschen die Lichter, und in der Finsternis brennen die Autoreifen.

Die Zurschaustellung der Homosexualität existiert in Georgien nicht.

Erste Nacht in Tbilisi. Einbruch nebenan.

Einbruch Goethe-Institut

Teeplantagen (zum ersten Mal im Leben gesehen)

Die beiden russischen Kinder in Batumi im Meer

Leben oder ähnliches

Die Georgier werden ernst, wenn sie das Wort Deutschland hören, sie grinsen, wenn sie das Wort Österreich hören.

Die Georgier bilden keine großen Kolonien in anderen Ländern. Es gibt zu wenige. Sie haben zu großes Heimweh und kehren bald wieder zurück.

Ein Land als Handlung eines Buches. Kein Sachbuch und kein Reisebuch, keine Antwort auf »die georgische Frage«. Am ehesten könnte man das Vorhaben noch als literarische Reportage bezeichnen, wäre der Begriff nicht so abgegriffen und nichtssagend. Anspruch ist, das Land Georgien, Schnittstelle von Orient und Okzident, Durchgangsland, Grenzland, in Sprache zu kristallisieren, zu verwandeln, so daß dem Leser das Buch so fremd wie dem Besucher das Land entgegentritt. Niemals möchte ich belehren, vorgeben, »Bescheid zu wissen«, Antworten geben. Ein Buch des Fragens soll mein Beutebuch aus Georgien sein.

Als Beobachter und Betrachter erzähle ich, einmal als im Land Aufgenommener, dem die Dinge nahe rücken, als ergäben sie in ihrer Summe ein Zuhause, das er begreift und liebt, dann als Fremder und Ausgestoßener, dem sich die Zusammenhänge entziehen, bis er nichts mehr begreift.

Das Buch soll die Elemente des Tagebuchs, des Journals aufweisen, ohne als solches gelesen werden zu müssen. Die einzelnen Stücke sollen zu einer geschlossenen Sammlung von Prosa verknüpft werden, so daß das Gesamtbild eines kaukasischen Teppichs entsteht. Infolgedessen sollten Gliederung und Struktur des Ganzen als solche nicht sichtbar und erkennbar werden.

Bestimmende und einander ergänzende Elemente sollen sowohl der direkte assoziative Zugriff als auch der reflektierende Exkurs sein. »Zu Ende gedacht« – was man hierzulande so sehr liebt, bis nichts mehr übrigbleibt – sollte nach Möglichkeit nichts sein.

Erzählen wird das Buch auch von den Literaten und Schriftstellern, die sich mit Georgien beschäftigten. Dumas, Steinbeck, Puschkin, Lermontow, Majakowski, Paustowski, Pasternak, Tolstoi, Mandelstam, Tschechow, Simenon. Aber schreiben möchte ich auch über Deutschland, wie das Land, in dem ich lebe, von Georgien aus wirkt, und über die merkwürdige Liebe der Georgier zu einem Deutschland, das es nicht gibt.

In diesem Zusammenhang ist der Frage des oft übersteigerten Nationalismus der Georgier nachzugehen, und der, ob Georgien, wie es sich die Georgier vorstellen, tatsächlich existiert.

Und schließlich handelt das Buch auch von dem berühmtesten und berüchtigtsten Georgier, von Stalin, der das Land bis heute prägt und über den man bis heute nicht spricht, den mit Georgien eine Haßliebe verband und der die Georgier nicht mochte, da sie sich als »europäische Insel im asiatischen Meer« betrachten. Auch mit dieser nicht unzutreffenden Beobachtung werde ich mich als einer Kernfrage des Buches auseinandersetzen.

Vergangene und gegenwärtige Herrscher, Diktatoren und ihre Gefolgsleute werden also in diesen Aufzeichnungen immer wieder auftauchen, weil sie der Schlüssel zum Verständnis des ganzen Volks sind. Das Buch wird einen Umfang von etwa 200 Seiten haben.

Clemens Eich

Clemens Eich schrieb diesen Text, um sein Georgien-Projekt dem Verlag vorzustellen.

Nachwort
von Ulrich Greiner

Der Schriftsteller Clemens Eich, geboren am 22. Mai 1954 in Rosenheim, Sohn von Ilse Aichinger und Günter Eich, arbeitete bis 1979 als Schauspieler in Landshut, Wien und Frankfurt am Main, lebte zuletzt in Hamburg, schrieb die Gedichte ›Aufstehn und gehn‹ (1980), die Erzählungen ›Zwanzig nach drei‹ (1987) und den Roman ›Das steinerne Meer‹ (1995), wofür er den Mara-Cassens-Preis erhielt, und er starb, mitten in der Niederschrift der ›Aufzeichnungen aus Georgien‹, am 22. Februar 1998 an den Folgen eines nie vollständig aufgeklärten Unfalls in Wien. Er wurde beigesetzt auf dem Gemeindefriedhof in Salzburg, unweit des Dorfes Großgmain, wo er seine Kindheit und Jugend verbrachte.

Clemens Eich, der im Begriff stand, in die erste Reihe der deutschen Autoren zu treten, ist von heute auf morgen verschwunden. Seine Bücher bleiben. Das Verschwinden war eine Grundfigur, eine Grundphantasie seines Lebens und Schreibens. ›Leben lernen‹ heißt ein Gedicht, und es endet mit dem Vorsatz: »Nichts / zugrund / gehen lassen / außer / sich selbst«. Ginge es so? Oder so: »Ich kann es nicht aufwiegen / oder nur, indem ich still in einer Ecke / sitzenbleibe / und mein Verschwinden lerne.« Oder aufstehn und gehn.

Nach Georgien etwa: einerseits, wie es am Ende heißt, in »die vermeintliche Nähe, die sich erst auf den zweiten Blick als Fremde herausstellt, die wieder zu Nähe wird (werden kann)«; andererseits an den Ort des Verschwindens. Wobei das Verschwinden kein Vorsatz ist, sondern das Risiko eines jeden wahren Reisenden, der sich in die Fremde begibt. Solche Reisen, von denen die alten Bücher berichten, kennen wir kaum mehr. Georgien, dieses sagenumwobene und häufig erst durch den Bürgerkrieg und Schewardnadse, den Außenminister Gorbatschows und jetzigen georgischen Präsidenten, ins westliche Bewußtsein getretene Land, ist die absolute Fremde, weil die vertrauten Verläßlichkeiten (Strom, Licht, Straßen, medizinische Versorgung zum Beispiel) kaum vorhanden sind oder gar nicht, und weil die Kommunikationsformen (Frage, Antwort, Verabredungen, Verträge) so anders sind, daß der Reisende aus dem Westen seine Herkunft vergessen, zum Verschwinden bringen muß. Dann widerfährt ihm vielleicht die Begegnung mit der jungen Frau im Mantel, die ihm sagt, was er schon ahnt: »Sie haben mit allem in Georgien gerechnet, nur nicht mit sich selbst.«

Weshalb Georgien? Vielleicht spielte die Suche nach den Wurzeln der eigenen Herkunft eine

Rolle, das Familiengeraune vom kaukasischen Urgroßvater. Aber der Anlaß war zunächst lediglich ein internationaler Kulturkongreß in Tiflis, im Juni 1995. Clemens Eich kam angeregt und erfüllt von dieser Reise zurück. Irgend etwas war ihm nahe gekommen, und er nahm sich vor, es näher zu erkunden. Im Februar 1997, im schlimmsten Winter, kehrte er zurück. Und jetzt wurde die Nähe zur Fremde. Eines Nachts, als er vom Bett aufstand und hinauswollte, prallte er, umgeben von rabenschwarzer Dunkelheit (es gab keinen Strom in der Stadt), gegen den Türpfosten und verletzte sich am Auge. Damit beginnen die georgischen Aufzeichnungen.

Erschrocken, aber unentmutigt reiste Clemens Eich im Sommer 1997 zu einem dritten Besuch nach Georgien, unternahm, in Begleitung eines Fahrers und eines mutmaßlichen Mitarbeiters des Geheimdienstes, eine lange Reise in die unwegsamen Regionen des Kaukasus, in die verbrannte Erde der Zivilisation, in die ländlichen Gebiete einer anderen Zeit, zu den Gedenkstätten des immer noch verehrten Dschugaschwili alias Stalin. Eine Reise in die Finsternis eines fernen Landes und in die Finsternis der eigenen Seele. Davon erzählt das Buch.

Die Georgien-Reise wird zu einer Erfahrung, in der wieder, wie schon im ›Steinernen Meer‹, die Grenze den Kern allen Denkens und Schreibens bildet. Hier, in Georgien, die Grenze zwischen Innen und Außen, Nähe und Ferne, Okzident und Orient, Neuzeit und Stammeskultur. Und im ›Steinernen Meer‹, in der Fieberphantasie des kranken Knaben vom siegreichen Abfahrtslauf, die Grenze zwischen Fliegen und Stürzen, zwischen Verharren und Taumeln. Schließlich die Grenze zwischen Kindheit und Erwachsenheit, zwischen Sieg und Niederlage, zwischen Ich und Welt – und dann ganz konkret die Grenze zwischen Deutschland und Österreich, denn dort, in einem Dorf an der Grenze, spielt die Geschichte, nicht sehr weit entfernt von jenem Gebirge, das dem Roman den Titel gibt, dem ›Steinernen Meer‹. Auch der Kaukasus ist ein steinernes Meer.

Die Grenze ist Abschluß und Übergang, Mauer und Durchlaß. Clemens Eich war selber eine Figur auf der Grenze und zwischen den Zeiten. Geboren 1954 war er kein Achtundsechziger mehr, aber noch keiner von den neuen Tüchtigen und Unbedenklichen. Er war Deutscher und Österreicher und Jude. Er lebte in Hamburg, und er lebte in Wien. Er gehörte weder ganz hierhin, noch ganz dorthin. Alle diese Grenzen gingen mitten durch Clemens Eich hindurch.

Die letzte Grenze, um die es geht, ist die zwischen Ich und Ich. Das Motto des Romans ist der Satz des Holofernes bei Nestroy: »Ich möcht' mich einmal mit mir selbst zusammenhetzen, nur um zu sehen, wer der Stärkere is, ich oder ich.« Das ist komisch, aber es ist nicht komisch. Clemens Eich ist am Ende nicht der Stärkere gewesen.

Auch literarisch befinden sich diese Aufzeichnungen auf der Grenze. Sie handeln von einer Reise, sind aber kein Reisebuch. Sie enthalten viele Informationen über Georgien, sind aber kein Sachbuch. Da Clemens Eich nicht schematisch nach Themen und Sachfragen vorgegangen ist, sondern in einer spiralförmigen Suchbewegung geschrieben hat, entsteht das dunkel leuchtende Bild einer Fremde, die realer Ort und zugleich bedrohliche Imagination ist. Das Mosaik aus Notizen und Tagebüchern, Reflexionen und Beobachtungen bildet eine Erzählung eigener Art, geschrieben in einer Sprache von erstaunlicher Leichtigkeit und Klarheit. Sie ist musikalisch und beherrscht, schreckensstarr und beweglich zugleich. Sie zeigt die schlafwandlerische Zielstrebigkeit eines Träumers bei wachem Verstand.

Deutlich sieht man das geplante Werk vor sich. Obwohl wichtige Teile fehlen, etwa das Kapitel über Stalin, haben wir es mit einem gewissermaßen abgeschlossenen Fragment zu tun. Der vorliegende Text zeigt die fertige Niederschrift bis zu ihrem Abbruch. Es folgen die Stichworte, Aphorismen, Beobachtungen aus den Notizheften. Die Sichtung und Ordnung des Nachlasses besorgte Elisabeth Eich.

Inhalt